Geheimlehren

Nevill Drury/Gregory Tillet

GEHEIMLEHREN

OKKULTES WISSEN DER WELT

Übersetzung aus dem Englischen
von Angela Schumitz

FALKEN
TaschenBuch

Im FALKEN TaschenBuch sind zahlreiche Titel zum Thema Esoterik und Astrologie erschienen. Bitte fragen Sie in Ihrer Buchhandlung.

Dieses Buch wurde auf chlorfrei gebleichtem
und säurefreiem Papier gedruckt.

Originally published in English by Routledge & Kegan Paul Ltd., London, under the title „The Occult Sourcebook"

Die Deutsche Bibliothek – CIP-Einheitsaufnahme

Drury, Nevill:
Geheimlehren : okkultes Wissen der Welt / Nevill Drury/Gregory Tillet.
Übers. aus dem Engl. von Angela Schumitz. – Dt. Erstausg. –
Niedernhausen/Ts. : FALKEN TaschenBuch, 1996
Einheitssacht.: The occult sourcebook <dt.>
ISBN 3-635-60236-1
NE: Tillet, Gregory:

Deutsche Erstausgabe
ISBN 3 635 60236 1

Umschlaggestaltung: Zembsch' Werkstatt, München
Gestaltung: Beate Müller-Behrens
Übersetzung: Angela Schumitz, Gröbenzell
Redaktion: Walter Fromm, Selters/Christiane Rückel
Herstellung: Bettina Christ
Titelbild: Bavaria, München/Images
Technische Realisierung: FROMM MediaDesign GmbH, Selters/Ts.
Druck: Ebner, Ulm

817 2635 4453 6271

INHALT

EINFÜHRUNG

Die Bedeutung des Begriffs Okkultismus hat sich in den letzten Jahren gewandelt. Noch etwa um die Zeit, als der „satanische“ Film Rosemary's Baby anlief, beschränkte sich dieser Begriff noch rein auf obskure, dämonische, irgendwie diabolische Praktiken. Damals begründete Anton Szandor La Vey, der in diesem Film den Teufel spielte, seinen Satanskult. Charles Manson glaubte, den Teufel und Christus gleichzeitig zu inkarnieren; Bischof Pike versuchte, mit seinem Sohn, der Selbstmord begangen hatte, durch ein Medium in Verbindung zu treten.

Inzwischen umfaßt das Okkulte alles, was unter Esoterik verstanden wird, und darüber hinaus noch mehr:

- etwa ASW
- Kirlian-Fotografie
- Reinkarnation
- Handlesen
- Astrologie
- Geistheilen
- Weiße Magie
- Tarot und
- außerkörperliche Erfahrungen

WISSENSCHAFTLER DER STANFORD-UNIVERSITÄT untersuchten Uri Geller, Professor Charles Tart führte in Kalifornien Laboruntersuchungen mit Robert Monroe durch, der angibt, bewußte Astralreisen unternehmen zu können. Arthur Koestler, der früher die Kräfte der Yogis anzweifelte, will in seinem Werk Roots of Conscience das Paranormale wissenschaftlich begründen. Colin Wilson prägte den Begriff Fakultät X, um das psychische Potential zu beschreiben, das seiner Meinung nach die nächste Phase der menschlichen Evolution bestimmen wird.

So umfaßt das Okkulte also das verborgene Potential des Menschen bzw. der menschlichen Denk- und Wahrnehmungsweisen. Viele der in diesem Buch behandelten Aspekte des Okkulten zeigen, wie der Mensch sein Bewußtsein erweitern kann.

Dieses Nachschlagewerk wurde in der Absicht verfaßt, daß sich viele Menschen zum ersten Mal mit den Möglichkeiten des Okkulten beschäftigen. Daher erschien es uns vernünftig, eine Reihe von Kernbereichen auszuklammern. Jedes Kapitel in diesem Buch könnte der Anlaß sein zu einer ausführlicheren Beschäftigung mit den Bereichen, die den Leser besonders ansprechen. Außerdem enthält das Buch ein „Who is Who" mit den Kurzbiographien und den wichtigsten Werken derjenigen, die den „mystischen" Pfad beschritten haben. Einige dieser Menschen waren tatsächlich inspiriert, andere waren Scharlatane, aber alle waren in der einen oder anderen Weise bedeutend.

Das Okkulte befaßt sich – über den reinen Aberglauben hinaus – mit dem, was aus dem Menschen werden kann. Darin liegt seine Bedeutung, und dies erklärt vielleicht auch, warum es für viele Menschen im Zeitalter des Wassermanns die institutionalisierte Religion abgelöst hat.

Nevill Drury und *Gregory Tillett*

ASW: AUSSERSINNLICHE WAHRNEHMUNG

Außersinnliche Wahrnehmung bezeichnet die Fähigkeit, Information auf anderen Wegen zu übertragen und zu erhalten als durch die bekannten Sinne. Oft ist man selbst überrascht, wenn man in einem Gespräch gleichzeitig mit seinem Gesprächspartner auf obskure Gedanken kommt, oder jemand tut etwas rein intuitiv, und später stellt sich sein Tun als durchaus richtig heraus. Ein anderer träumt oder sieht ein Ereignis, bevor es eintritt, oder ist in der Lage, geistige Eindrücke von einem Freund zu erhalten, wenn er sich konzentriert. All diese Dinge können als Beispiele für außersinnliche Wahrnehmung angeführt werden, die im allgemeinen in drei Bereiche unterteilt wird:

- *Clairvoyance,* die außersinnliche Wahrnehmung von Ereignissen
- *Telepathie,* die direkte Übertragung eines Gedankens
- *Präkognition,* die Wahrnehmung zukünftiger Ereignisse

NATÜRLICH HAFTET solchen Phänomenen immer etwas Mystisches an, und üblicherweise sind dafür die Wahrsager und Orakeldeuter zuständig. Ernsthaft und wissenschaftlich beschäftigt man sich erst seit etwa hundert Jahren mit ASW-Phänomenen. Zu viktorianischen Zeiten wurde ASW als ein möglicher sechster Sinn des Menschen in Erwägung gezogen. Einige bedeutende Wissenschaftler, so etwa Sir William Crookes, Sir Oliver Lodge und Alfred Wallace, untersuchten diese Phänomene. 1882 wurde an der Universität von Cambridge die berühmte *Society for Psychical Research* – SPR (Gesellschaft für die Erforschung paranormaler Phänomene) gegründet; Henry Sidgwick war ihr erster Präsident.

Zugegebenermaßen gibt es wie bei vielen spiritistischen oder okkulten Phänomenen auch hier für jeden möglicherweise echten Fall zahllose Täuschungsversuche, und die SPR nahm keinen guten Anfang. Im Juli 1882 verkündete Sidgwick vorschnell, er habe sichere Beweise für ASW bei einem Geistlichen, Reverend Creery, und seinen fünf Töchtern sowie ihrem Diener gefunden. Doch leider stellte sich später heraus, daß sie einen Kode benutzt hatten, um die Forscher in die Irre zu führen.

Kurz danach ein ähnlicher Fall: Ein Mr. Smith hielt die Hände eines Mr. Blackburn, während er sich auf dessen Gedanken zu konzentrieren und sie dadurch zu lesen schien. Sidgwick und zwei seiner Kollegen, Edmund Gurney und Frederic Myers, mit denen er später seinen Ruhm als spiritistischer Forscher teilen sollte, untersuchten den Fall. Myers stellte einen Test zusammen, bei dem er Blackburn ein detailliertes Bild zeigte, der seinerseits versuchen sollte, es Smith gedanklich zu vermitteln. Smith, der mit einem Tuch bedeckt war und vor Blackburn stand, konnte das Bild relativ richtig wiedergeben, und Myers und seine Kollegen ließen sich davon überzeugen. So ging dieser Fall als schlüssiger Beweis in die Akten der SPR ein. Einige Jahre später, 1908, trat Blackburn mit der Sensation an die Öffentlichkeit, daß er bei den Sitzungen geschummelt habe. Er hatte das Bild eilig auf ein Zigarettenpapier kopiert und es in einem Füller verborgen, den er seinem Partner unbemerkt zuschmuggelte. Unter der Decke konnte Smith in aller Ruhe das Bild betrachten, und das Licht reichte aus, um eine „telepathische" Beschreibung des Bildes zu geben.

Da die Testbedingungen bei diesen frühen Forschungen ziemlich unzureichend waren, beschloß die SPR, ihre experimentellen Verfahren an wissenschaftlichen Ansprüchen auszurichten. Reine Zufallstreffer der Testpersonen in den telepathischen Sitzungen sollten so ausgeschlossen werden.

In den USA wurden in den Dreißigern ASW-Phänomene unter der Schirmherrschaft von Dr. Joseph Rhine und seiner Frau Louisa an der Duke-University erforscht. 1932 konnte Rhine einige gute Resultate mit den sogenannten Zener-Karten vorweisen, die er mit 32 Versuchspersonen in einem Hellseherexperiment benutzte. Die Karten hatte er zusammen mit einem Kollegen, K. E. Zener, entworfen und dabei fünf unterschiedliche Symbole benutzt: ein Quadrat, einen Kreis, ein Kreuz, drei Wellenlinien und einen Stern. Von jedem Symbol gab es fünf Karten, insgesamt also 25. Die Testpersonen sollten die Reihenfolge der gut gemischten Karten erraten. Sie erzielten bei unzähligen Versuchen überdurchschnittlich viele Treffer.

Rhine wählte nach und nach die begabtesten Testpersonen aus, mit denen er weiterhin Zener-Karten-Experimente durchführte. Bald entdeckte er, daß diese Testpersonen unter bestimmten Bedingungen am erfolgreichsten waren. In seinem Buch *Extra-Sensory Perception* (1934) hielt er fest, daß die Testpersonen unvoreingenommen sein müssen, die Versuche in einer zwanglosen Umgebung stattfinden und die Leute weder zu sehr gelobt noch entmutigt werden sollten. Rhine fand heraus, daß die Versuchspersonen nach den ersten hundert Versuchen besser wurden und daß Eheleute oder Freunde oft einen engere „psychische" Beziehung hatten.

Rhines Arbeit wurde in den dreißiger Jahren durchaus gewürdigt. Doch mehrere skeptische Psychologen, W. S. Cox in Princeton und J. H. Heinlein an der John Hopkins-University konnten Rhines Ergebnisse selber nicht nachvollziehen. Als Rhines Karten in den USA kommerziell hergestellt wurden, bemerkten einige Kritiker, daß man leicht durch die Karten hindurchsehen oder den Aufdruck auf der Rückseite der Karte lesen könne. Rhine versicherte jedoch, daß er selbst seine Ergebnisse mit dicken, undurchsichtigen Karten erzielt habe.

1940 veröffentlichten die Forscher der Duke-Universität ihr Werk *Extra-Sensory Perception After Sixty Years,* worin Professor Rhine und seine Kollegen eine Testreihe vom Oktober 1938 und Februar 1939 als einen der besten bewerteten. Eine Testperson und zwei Forscher: J. L. Woodruff und J. G. Pratt, letzterer als Beobachter führten diese Tests durch. Woodruff saß an einem Ende des Tisches, durch einen hohen Wandschirm von der Testperson getrennt, die am anderen Tischende saß. Der Forscher konnte durch eine Öffnung im Wandschirm auf einen Zeigestab sehen, den die Testperson in der Hand hielt. Die Testperson mußte die höchste Karte in der Hand des Forschers erraten und dann auf eines der fünf ASW-Symbole deuten, die sich auf ihrer Seite des Wandschirms befanden. Woodruff und Pratt führten auf diese Art und Weise mehr als 2 000 Versuche mit jeweils 25 Karten durch.

Das Resultat war auf den ersten Blick nicht besonders beeindruckend. 32 Versuchspersonen hatten 12 489 Treffer von 60 000 möglichen erzielt, die statistische Zufallsquote beträgt 12 000 Treffer. Doch gegen die zusätzlichen 489 Treffer stand die Wahrscheinlichkeit über 1 000 000 : 1. Selbst einer von Rhines schärfsten Kritikern, Professor C. E. M. Hansel, gab zu, daß es klare Hinweise gäbe, daß bei diesem Experiment mehr als nur das reine Raten oder eventuell experimentelle Fehler mitgespielt hätten. Doch er hielt das Experiment nur dann für gültig, wenn die Karten immer wieder neu gemischt würden – und dafür steht nur Pratts Ehrenwort.

In England versuchte Dr. S. G. Soal, ein führender Parapsychologe, Rhines Experimente zu wiederholen, anfangs jedoch ohne Erfolg. Dann aber bemerkte er, daß zwei seiner Testpersonen auffallend hohe Trefferquoten erzielten. Einer dieser beiden, Basil Shackleton, wurde von Soal und Mrs. K. M. Goldney zwischen 1941 und 1943 getestet. Er sollte Karten mit bestimmten Tiersymbolen erraten, wobei er in einem Zimmer saß und die Forscher in einem anderen. Von diesem aus riefen sie Shackleton zu, wann er seine Aussage machen sollte. Die Forscher zeigten einer weiteren Person, „dem Agenten", eine beliebige Zahl, dieser wiederum blickte auf die dazu korrespondierende Karte. Es wurde untersucht, ob Shackleton durch Telepathie vorhersagen konnte, welche Karte als nächstes an die Reihe käme.

Bei einer Gelegenheit schaffte Shackleton Treffer vom „+1"-Typus, das heißt, er erriet eine Karte im voraus. Bei 3 789 Versuchen war er 1 101 Mal erfolgreich. Statistisch wahrscheinlich wären nur 776 Treffer gewesen. Mehrmals erzielte er hohe Trefferquoten, und Rhine und Professor Hutchinson aus Yale hielten diese Tests für die besten, die jemals gemacht worden waren.

NEUE ASW-ENTWICKLUNGEN

Die meisten der ersten ASW-Forschungen wurden mit dokumentierten Kartensitzungen durchgeführt; am häufigsten wurde die Unzuverlässigkeit der Testverfahren kritisiert. Professor Hansel kritisierte insbesondere die Tatsache, daß eine Reihe von Duke-Experimenten durch Schummelei und Betrug zustande gekommen sein könnten, ohne natürlich beweisen zu können, daß dies der Fall war.

In jüngster Vergangenheit hat die ASW-Forschung jedoch neue Wege beschritten. Die 14 Apollo-Astronauten stellten vom Mond aus ASW-Experimente mit ihren Kollegen auf der Erde an und kamen zu signifikanten Testergebnissen. Dr. Eugene Konecci von der NASA berichtete 1963 auf einer internationalen Astronautenkonferenz in Paris, daß die USA inzwischen ernsthafte ASW-Forschungen betriebe, wahrscheinlich weil die Russen Nachforschungen anstellten, wie weit diese Kräfte als Kommunikationsmittel im Weltraum genutzt werden könnten.

In ihrem Buch *Psychic Discoveries Behind The Iron Curtain* beschreiben Sheila Ostrander und Lynn Schroeder die russischen Bemühungen, die Spuren der Telepathie im Gehirn zu verfolgen. Dr. Lutsia Pawlowa von der Leningrader Universität und Dr. Genady Sergejew, ein bekannter Mathematiker, untersuchten die Gehirnwellen einer ihrer besten telepathischen Versuchsperson: Karl Nikolajew. Ebenso wurde seine Atmung, sein Herzschlag, seine Augenbewegungen und die Muster seiner Gehirntätigkeit beobachtet, während sein Freund Yuri Kamenski, ein Biophysiker, sich bemühte, von Moskau aus telepathisch mit ihm zu kommunizieren. Kamenski begann, sich zu konzentrieren, und drei Sekunden später zeigten die Monitore im Labor der Leningrader Universität drastische Veränderungen bei Nikolajews Gehirnwellen auf! Dr. Pawlowa behauptet, daß weitere EEG-Dokumentationen (EEG = Elektroenzephalogramm, Aufzeichnung der Hirnströme) bei beiden Testpersonen klargemacht hätten, daß während der telepathischen Kommunikation die Gehirntätigkeit rasch sehr spezifisch wird und sich auf den hinteren Bereich des Gehirns umstellt.

Auch bei einer anderen bemerkenswerten Versuchsperson, Nelia Michailowa, wurden diese Veränderungen festgestellt; sie kann telepathisch anderen Versuchspersonen befehlen, bestimmte Bewegungen auszuführen. Sergejew sagt, daß im hinteren Bereich des Gehirns bei den meisten Menschen eine etwa drei- bis viermal höhere elektrische Spannung herrscht als im vorderen, bei Frau Michailowa maß man jedoch eine *fünfzigfache* Erhöhung. Daraus folgert er, daß die Spannung ein guter Indikator für das ASW-Potential ist.

Auch im Westen sind interessante EEG-Forschungen angestellt worden, und zwar von Traumforschern an der Universität von New York. Eigentlich wurde nach

Psi(außersinnliche Wahrnehmungen)-Phänomenen im Traumzustand geforscht. Montague Ullman, Stanley Krippner und Alan Vaughan wollten feststellen, ob unter Laborbedingungen eine medial veranlagte Person willentlich die Bilder im Traum einer anderen Person beeinflussen könne, unter Umständen über mehrere Meilen Entfernung hinweg.

Träume finden in der REM-Schlafphase statt (REM = rapid eye movements, rasche Bewegungen des Augapfels). Das Traumforscherteam stellte fest, daß man sich am ehesten gleich im Anschluß an diese Schlafphase an einen Traum erinnern kann. Die Forscher wählten bestimmte Bilder für die telepathische Übertragung aus, unter anderem bekannte Gemälde von Henry Rousseau, Salvador Dali, Marc Chagall und anderen Künstlern. Eine Testperson sollte das Bild einem bestimmten Empfänger „vermitteln“. Dieser wurde an einem anderen Ort unter Laborbedingungen überwacht und nach der REM-Phase aufgeweckt, um sich an seinen Traum erinnern zu können. Eine Gruppe von mehreren Beurteilern betrachtete anschließend den bildhaften Inhalt des Traums und legte objektive Kriterien fest, ob es ausreichende Parallelen gebe, um von einer geistigen Übertragung, die über den reinen Zufall hinausginge, sprechen zu können. Das Forscherteam konnte ziemlich beeindruckende Ergebnisse vorweisen.

Am wichtigsten bei diesen neuen Forschungen sowohl in der damaligen UdSSR als auch im Westen ist wohl die Tatsache, daß es unter den Wissenschaftlern zu einer neuen positiven Einstellung gegenüber Telepathie kam. Heute wird versucht, ASW-Phänomene aus dem spiritistischen Rahmen herauszunehmen und sie systematisch zu erfassen. So könnte das, was wir heute von der Funktion und dem Potential unseres Gehirns wissen, durchaus erweitert werden.

MEDITATION UND BIOFEEDBACK

Das Interesse an Yoga, Zen-Buddhismus und der Transzendentalen Meditation hat vor allem in den siebziger Jahren stark zugenommen. Offensichtlich gibt es bei vielen Menschen den Wunsch, sich nicht nur der Außenwelt zu widmen, sondern sich auch immer wieder auf die innere Welt der Meditation und Versenkung zu besinnen.

Bei der Meditation wird der innere Frieden verstärkt durch etwas, das man *bewußte Entspannung* nennen könnte. Der Meditierende ist nicht schläfrig, aber sein Denken verändert sich; er beobachtet nicht mehr sämtliche Details der äußeren Realität, sondern beschäftigt sich vielmehr mit der eigentlichen Quelle des Denkens. Die Meditation ist eine wichtige Übung im Zen-Buddhismus und im Raja-Yoga. Im Westen spielt sie eine besondere Rolle in magischen Praktiken und dem Katholizismus, etwa bei den Zisterziensern. William Johnston, ein Theologe mit besonderem Interesse an östlicher Mystik, wies darauf hin, daß es im Christentum ganz ähnliche Übungen gibt wie die *Koans* im Zen, paradoxe Geschichten, die den Meditierenden zwingen, das rationale Denken hinter sich zu lassen, oder auch wie die *Mandalas,* Meditationsbilder, die Yogis bei ihren Übungen verwenden. Er glaubt, daß die Meditation der christlichen *Versenkung* ähnelt; er berichtet auch, daß ein Zen-Buddhist einer Gruppe von Christen erläutert habe, daß das Kreuz auch als eine Art Koan-Symbol gesehen werden könne.

So ist also die Meditation ein geistiger Prozeß, der nicht unbedingt an eine bestimmte religiöse oder mystische Schule gebunden ist. Der Meditierende sitzt im Yoga und in anderen östlichen Lehren Schneidersitz, oft auch in der Lotus-Stellung, bei der der rechte Fuß auf dem linken Oberschenkel ruht, der linke Fuß auf dem rechten. Im Yoga kann der Meditierende die Augen schließen, im Zen-Buddhismus, der sich eher am „Hier und Jetzt" orientiert, sollen die Augen offen bleiben. Der Blick wird auf einen etwa einen Meter von den Knien entfernten Punkt auf dem Fußboden gerichtet.

Bis vor kurzem konnte man kaum beurteilen, welche geistigen Aktivitäten bei den Yogis und Mystikern abliefen, wenn sie meditierten. Doch inzwischen kann die analytische Wissenschaft bestimmte Gehirnwellenaktivitäten unter Laborbedingungen feststellen. Der Meditierende wird dabei an ein EEG-Gerät (EEG = Elektroenzephalogramm, Aufzeichnung der Gehirnströme) angeschlossen, das alle seine Gehirnfunktionen exakt notiert. Die Existenz von Gehirnwellen wurde von einem deutschen Wissenschaftler, Hans Berger, kurz nach dem Ersten Weltkrieg festgestellt. Berger brachte zwei Elektroden an der Kopfhaut eines jungen Psychiatriepatienten an und bemerkte anhand eines Indikators eine elektrische Reaktion. Er nahm an, daß es zwei Haupttypen von Gehirnwellen gebe:

- *Alpha* im Zusammenhang mit Aktivität
- *Beta* im Zusammenhang mit Konzentration und Denken

INZWISCHEN sind jedoch vier Haupttypen gefunden worden:

1. *Alpha:* In einer Frequenz von acht bis zwölf Zyklen pro Sekunde kommt es dabei zu inneren Bewußtseinszuständen einschließlich des mystischen Bewußtseins. Die meisten Menschen produzieren einige Alpha-Wellen mit geschlossenen Augen, jedoch nur schwer mit offenen Augen. Ein hohes Niveau von Alpha-Aktivität weist auf einen Zustand starker Konzentration hin.
2. *Beta:* Diese Wellen treten im wachen Bewußtsein in einer Frequenz von etwa 13 Zyklen pro Sekunde auf. Die Alpha-Wellen beschäftigen sich mit der inneren Gedankenwelt, die Beta-Wellen sind eher Teil der äußeren Welt des Tuns.
3. *Theta:* Sie enstehen in einem schläfrigen Bewußtseinszustand auf, etwa kurz vor dem Einschlafen, und zwar in einer Frequenz von vier bis sieben Zyklen pro Sekunde.
4. *Delta:* Dieser Rhythmus wird im Tiefschlaf produziert in einer Frequenz von bis zu vier Zyklen pro Sekunde.

IN JAPAN UND IN DEN USA wollten Forscher herausfinden, welche dieser Wellenmuster bei der Meditation auftauchen. Dr. Akira Kasamatsu und Dr. Tomio Hirai von der Tokio-Universität zeichneten die EEGs von 48 buddhistischen Mönchen während ihrer Meditation auf. Einige der Meister produzierten schon nach 50 Sekunden Alpha-Wellen. Die Elektroden störten bei der Meditation nicht, ein klapperndes Geräusch störte jedoch die Konzentration und blockierte die Produktion von Alpha-Wellen drei bis fünf Sekunden lang. (Bei einer anderen Studie mit Raja-Yogis war dies nicht der Fall; sie waren völlig unempfindlich gegenüber jeglicher äußeren Störung.) Kasamatsu und Hirai stellten fest, daß ihre zen-buddhistischen Testpersonen manchmal vom Alpha-Zustand in den Theta-Zustand überwechselten. Im Gegensatz dazu produzierten die Raja-Yogis in der Studie von Anand, Chhina und Singh (1961) anhaltend Alpha-Wellen, die in der tiefsten Konzentration, im *Samadhi*, noch verstärkt wurden.

1958 untersuchte Dr. Joe Kamiya an der Universität von Chicago die Hirnwellenaktivitäten im Schlafzustand und dabei vor allem die unregelmäßigen Spuren von Alpha-Wellen. Er schloß seine Testperson an ein EEG-Gerät an und bat sie, ihre Gehirnwellenaktivität zu raten. Anfangs lag die Versuchsperson nur die erwarteten 50 Prozent richtig, am vierten Tag jedoch erriet sie ihre geistige Aktivität 400 Mal hintereinander korrekt. Dies war eine erstaunliche Entdeckung, wurde doch damit gezeigt, daß ein Mensch lernen konnte, seine geistige Verfassung zu deuten. Später entdeckte Kamiya, daß es möglich war, einen gegebenen Zustand, etwa Alpha, aufrechtzuerhalten, und damit war die moderne Technik des Biofeedbacks in die Wege geleitet. Der nächste Schritt bestand darin, ein Gerät zu erfinden, das die durch das EEG-Gerät gemessenen Alpha-Wellen hörbar machte, so daß der Meditierende seinen Fortschritt tatsächlich hören konnte. Die dabei entwickelte Biofeedback-Vorrichtung diente als Hilfe, einen positiven, kontemplativen Geisteszustand aufrechtzuerhalten.

Seitdem sind weitere Geräte entwickelt worden, mit denen man sämtliche Hirnwellenaktivitäten erkennen kann, wobei manchmal anstatt der Tonsignale auch Lichtsignale gegeben werden. Vor allem in den USA wurde das Biofeedback sehr populär. In manchen Kreisen wird es sogar als „Abkürzung zur Erleuchtung" gefeiert. Ob dem wirklich so ist, sei dahingestellt, jedenfalls hat das Biofeedback mystische Bewußtseinszustände wissenschaftlich erkennbar gemacht. Durch EEG-Aufzeichnungen können wir die Tiefe eines Versenkungszustands beurteilen, durch Biofeedback können ganz gewöhnliche Leute, die wahrscheinlich nicht die Möglichkeit haben, sich in ein Zen-Kloster zu begeben, ihre meditative Entwicklung durch einen Indikator regulieren.

TRÄUME

Schon immer haben die Menschen den Traumzustand als etwas Mysteriöses und Ehrfurchtgebietendes gesehen; sonderbare, übernatürliche Vorzeichen wurden in die Träume hineininterpretiert, neue Handlungs- und Verhaltensweisen aufgezeigt. Die Bibel berichtet von Joseph, der träumte, daß sich eines Tages seine ganze Familie vor ihm verneigen würde. Sein Traum zeigte jedoch nicht die eigentlichen Familienmitglieder, sondern verwendete die Sprache der Symbole, indem er ihm seinen Vater als die Sonne, seine Mutter als den Mond und seine Brüder als Sterne aufzeigte. Die ägyptischen Pharaonen glaubten, daß Träume eine Botschaft der Götter seien, Hippokrates, der „Vater der Medizin“, schrieb lange Abhandlungen zu diesem Thema. Die alten chinesischen Taoisten stellten sogar Spekulationen an, ob Träume nicht realer seien als das Alltagsleben. Viele Naturvölker, so auch die Bewohner der Fidschi-Inseln, glaubten, daß ihre Seelen im Traum auf Wanderschaft gingen. In der Neuzeit grübelte der Chemiker Frederic Kekule über die Struktur des Benzolmoleküls nach, die ihm schließlich in einem Traum enthüllt wurde. In diesem Traum erschien ihm auch eine Schlange, die sich in den eigenen Schwanz biß – ein alchemistisches Symbol.

Einer der bekanntesten prophetischen Träume ist Abraham Lincolns Traum seiner Ermordung.

Ein weiteres Beispiel: J. W. Dunne formulierte die Philosophie der „seriellen Zeit“ anhand seiner Träume. Er hatte eine besondere Fähigkeit entwickelt, in Träumen Voraussagen über die Zukunft zu machen. Einmal träumte er, daß der „Flying Scotsman“-Zug in der Nähe der Forth Bridge entgleisen würde, was tatsächlich einige Monate später, nämlich im April 1914, eintraf. Dunne nahm an, daß das Universum aus parallelen Ebenen von Ereignissen besteht und daß Ereignisse auf der einen Ebene früher passieren als auf der nächsten. Seiner Meinung nach hat der Träumer oder Hellseher Zugang zu einem Bereich der Realität, bevor die Ereignisse sich in der alltäglichen Welt manifestieren. Danach enthüllen Träume eine andere Dimension der Kausalität.

Wie haben Träume das Okkulte beeinflußt, welche besondere Rolle spielen sie? Auch moderne Okkultisten erachten Träume ungeachtet ihrer Flüchtigkeit als bedeutend, und zwar aus zwei Gründen: Zum einen hat C. G. Jungs Traumdeutung uns mehrere wichtige Konzepte beschert – etwa das kollektive Unbewußte und die Theorie der Archetypen –, die die Grundlage des modernen magischen Denkens bilden. Zum anderen können Träume für *Astralreisen* genutzt werden. Zwar war Freud der erste, der uns zeigte, daß Träume eher mit dem Träumenden zu tun haben, als daß sie Botschaften außenstehender Gottheiten seien, doch Jung entdeckte, daß die religiöse Seite des Träumens durch starke, mystische Energien erklärt werden kann, die aus den Tiefen der Psyche stammen. Ursprünglich hatte Freud die Auffassung vertreten, daß Träume überwiegend mit den *bewußten* Gedanken eines Menschen in Beziehung stünden. Bald fand er jedoch heraus, daß ein Patient bei der Aufforderung, seine Träume zu besprechen, auch *unbewußte* Elemente aufdeckte. Diese enthüllten oft Neurosen, und so konnte der Patient bei der Erkennung der Symptome auch therapeutischen Nutzen aus der Analyse und Deutung seiner Träume ziehen.

Freud neigte in seiner Traumanalyse dazu, bestimmte, mit immer gleichbleibender Bedeutung versehene Motive aufzudecken.

Das folgende ist eine typisch Freudsche Traumanalyse, angestellt von einem besonders eifrigen Gefolgsmann Freuds, dem spanischen Psychoanalytiker Angel Garma:

„Ein Löwe verfolgte mich, ich wollte ihm entkommen. Plötzlich war ich in einem Raum eingeschlossen, dessen Tür ins Freie ich nicht fand. Ich hatte schreckliche Angst ..."

Garmas Deutung: „Solche Träume treten häufig bei Frauen auf, die noch kein normales heterosexuelles Leben aufgenommen haben. Eine unverheiratete Frau hat oft so einen Traum. Wie auch wilde Tiere, Monster oder auch anormale, „schlechte" Menschen steht der Löwe für einen sexuell erregten Mann, der sie verfolgt. Sie kann ihm aufgrund ihrer eigenen Sehnsucht nicht entkommen ..."

Freud und seine Anhänger neigten folglich dazu, in den Träumen sexuelle Motive zu entdecken. Jung hingegen wollte vor allem herausfinden, warum bestimmte Symbole häufiger als andere auftraten. So können zum Beispiel der Schlüssel in einem Schlüsselloch, das Schwingen eines schweren Stocks oder das Rammen einer Tür mit einem Sturmbock alle als sexuelle Allegorien in einem Traum auftauchen. Jung schreibt: „Die eigentliche Aufgabe besteht darin, herauszufinden, warum der Schlüssel dem Stock oder der Stock dem Rammbock vorgezogen worden ist. Manchmal kann das zur Entdeckung führen, daß gar nicht der Geschlechtsakt, sondern ein ganz anderes psychologisches Thema gemeint ist." (C. G. Jung, Der Mensch und seine Symbole, Walter-Verlag, Olten 1980, S. 28–29)

Außerdem machte Jung die wichtige Entdeckung, daß sich nicht alles in einem Traum auf persönliche Erinnerungen oder Neurosen beziehen muß, was vor allem für die Magie relevant ist. So schrieb er, daß es viele Symbole gebe, die ihrem Wesen und Ursprung nach nicht individuell, sondern vielmehr kollektiv seien. Diese Bilder bezeichnete Jung als Archetypen des kollektiven Unbewußten; de facto repräsentieren sie mythologische Bilder, die in der Psyche der Menschen immer wieder auftauchen – und zwar in allen ihren kreativen Funktionen: in der Kunst, der Musik, in Legenden und der Dichtung. Jung glaubte, daß die Menschen aufgrund der Erfahrung mit bestimmten Konstanten in ihrer Umwelt – der Sonne, dem Mond, den Sternen, dem Meer, dem Wechsel der Jahreszeiten usw. – angefangen hatten, diese Konstanten als grundlegende Bilder in ihrer Psyche zu verankern. Jung zufolge wurden sie jedoch nicht abstrakt eingeprägt, sondern als Naturgottheiten: Alle diese Naturkräfte wurden zu Gottheiten. Nach Tausenden von Traumanalysen aus dieser Perspektive stellte Jung die Behauptung auf, daß das, was durch den Mythos oder das Symbol enthüllt wurde, ein Archetyp sei, nicht ein Prozeß oder Ereignis an sich. Der Geist neigt also dazu, diese Erfahrungen in einer anthropomorphen Weise darzustellen.

Aufgrund ihrer Beständigkeit und als Quelle des Lichts und des Lebens ist die Sonne seit jeher ein Objekt der Verehrung und demzufolge ein ganz besonderer Archetyp. Sonnengötter finden sich in vielen Religionen: Apollon und Helios bei den alten Griechen, Mithras im alten Persien, Osiris in Ägypten und Christus in unserer heutigen Kultur. Immer sind diese Götter Sinnbild für das Leben, die Wiedergeburt, das Licht und die Reinheit. Jung wies darauf hin, daß sie für unsere Psyche deshalb von Bedeutung sind, weil sie innere Harmonie und Integration symbolisieren. Er glaubte, daß die Hauptaufgabe der Psychoanalyse von Träumen darin bestehe, das zu verstehen, was der Traum aussagt. Mit anderen Worten: Man muß sowohl die persönlichen als auch die archetypischen Inhalte eines Traums erkennen und versuchen, das, was die Symbole darstellen, zu begreifen.

Die meisten Menschen, die sich mit moderner Magie beschäftigen, akzeptieren die Jungsche Ansicht, daß die mythologischen Götter, die in Träumen oder Visionen, Trancezuständen oder Ritualen enthüllt werden, für innere, normalerweise unbewußt ablaufende Prozesse stehen. Mit Hilfe des kabbalistischen Baums des Lebens, der diese Gottheiten als geistige Symbole vermittelt, erkennt und integriert der Magier die eher transzendenten Prozesse seines Geistes.

Die zweite bedeutende Funktion von Träumen im Okkulten liegt, wie bereits erwähnt, darin, daß man sie für Astralprojektionen (außerkörperliche Erfahrungen) einsetzen kann. Celia Green stellte in ihrem Buch *Lucid Dreams* fest, daß wir heute als spezielle Kategorie Träume herausstellen können, in denen sich der Träumer bewußt ist, daß er träumt, und manchmal fähig ist, seinen Traum und die darin auftauchenden Handlungen zu steuern. Wenn dies eintritt, hat der Träumende das bemerkenswerte Empfinden, sich „außerhalb seines Körpers" wiederzufinden. Es ist, als hätte er einen neuen Ort betreten, der nicht von den Objekten der realen Welt, sondern vielmehr von seinen Gedanken, Vorstellungen und vielleicht den Symbolen seines unbewußten Geistes bevölkert ist.

Der Magier erkennt in diesem Phänomen eine außergewöhnliche neue Dimension des Lebens und des Seins. Er findet einen neuen Zugang zu seinen kreativen

Energien und den Quellen seiner Inspiration. Er findet sich in surrealen mythologischen Landschaften wieder und entdeckt, daß er ohne die Beschränkungen seines physischen Körpers an jeden Ort gelangen kann, an den er will.

Der amerikanische Forscher Sylvan Muldoon beschloß unter diesen Voraussetzungen, eine Traumübung zu formulieren, in der man sich bewußt dazu bringen kann, in einer bestimmten Art zu träumen. Man sollte versuchen, im Traumzustand sein Bewußtsein beizubehalten und willentlich bestimmte Bilder in einer definierten Reihenfolge auftauchen zu lassen, indem man seinen Traum „programmierte". Erfahrungen außerhalb des Körpers haben oft mit flug- oder schwebeähnlichen Zuständen zu tun; deshalb behauptete Muldoon, daß man Astralreisen in neue Dimensionen seines Geistes unternehmen könne, wenn man sich bewußt dazu bringen könnte, solche Sequenzen zu träumen.

So sind Träume nicht nur wertvoll für die Analyse sexueller oder anderer Neurosen, sondern sie können auch eingesetzt werden als Technik zur Erlangung eines magischen Bewußtseins. Einerseits ist der Traum eine Abfolge visueller Ereignisse, die verstanden werden wollen, andererseits auch ein Bereich von Vorstellungen und von gedanklichen Prozessen, die dem Magier erlauben, seinen Willen durchzusetzen und den Traum dazu einzusetzen, seine Wahrnehmungsbereiche zu erweitern.

REINKARNATION

Die Reinkarnation, der Glaube, daß die menschliche Seele oder das Bewußtsein immer wieder in einer ganzen Reihe von Leben wiedergeboren werde, ist eine äußerst weit verbreitete religiöse Vorstellung.

Im Hinduismus und dem Buddhismus spielt dieser Glaube eine besonders starke Rolle. In der *Bhagavad-Gita* erklärt Krischna, der edle, weise Mentor, seinem Schüler Arjuna, daß nur die spirituell Erleuchteten über ihre früheren Inkarnationen Bescheid wissen. Außerdem bemerkt er, daß wir je nach unseren Taten in Lebensumstände wiedergeboren werden, die unseren spirituellen Errungenschaften angemessen sind.

Die tibetischen Buddhisten glauben, daß der höchste Lama immer wieder als geistiger Führer ihrer Gemeinschaft wiedergeboren wird. Nach dem Tod eines Dalai Lama wird im ganzen Königreich nach dem Nachfolger gesucht. In seinem Buch *Meditation, the Inward Act* beschreibt Bradford Smith den Ablauf einer solchen Suche folgendermaßen:

„Als der alte Dalai Lama gestorben war, hatten sich weise Männer auf den Weg gemacht, um den neuen Heiligen zu finden, und waren auf einen kleinen Jungen gestoßen, der Dinge erkannte, die seinem Vorgänger gehört hatten, und sie fehlerfrei aus ähnlichen Objekten herausfinden konnte … Im tibetischen Buddhismus mit seinem festen Glauben an die Wiedergeburt der Seele, und zwar aller Menschen, nicht nur des Dalai Lama, und an den Fortschritt, der auf dem Verhalten in früheren Leben basiert, zeigt sich besonders deutlich, daß die Menschen einen universellen religiösen Impuls verspüren, den Zyklus von Tod und Wiedergeburt aufzuzeigen …"

Offenbar haben die alten ägyptischen Re-Anhänger, die ebenso an die Reinkarnation glaubten, ihren Glauben aus der Beobachtung der Natur gezogen. Es war ihnen klar, daß die Sonne jeden Abend im Westen unterging oder „starb" und jeden Morgen wiedergeboren wurde. Die Sonne war ein wichtiges Symbol für das Leben, und so konnte sich der Ägypter, der sich auf den Sonnengott verließ, seines anhaltenden und immerwährenden Wohlbefindens sicher sein. Auch er folgte stets dem Zyklus von Geburt und Wiedergeburt.

Vielleicht aufgrund des ägyptischen Einflusses hielten eine Reihe berühmter Philosophen im alten Griechenland weiterhin an der Vorstellung der Reinkarnation fest. Pythagoras (682–507 v. Chr.) glaubte, daß er früher einmal als Aethalides und später als Euphorbus reinkarniert gewesen sei, der in der Belagerung von Troja seinen Tod fand. Der Götterbote Merkur habe ihm die besondere Fähigkeit beschert, sich an seine früheren Leben zu erinnern. Socrates und Platon glaubten ebenfalls daran, daß die Seele viele Leben durchlaufe.

Die Reinkarnation ist auch heute noch eine sehr verbreitete Vorstellung; viele Menschen fühlen sich instinktiv mehr davon angesprochen als vom Glauben an das Jüngste Gericht. Vor einigen Jahren fragte eine englische Sonntagszeitung ihre überwiegend aus der arbeitenden Bevölkerung stammenden Leser, ob sie an Himmel und Hölle oder an die Reinkarnation glaubten, oder an keine dieser Vorstellungen. Der Herausgeber war sehr erstaunt, daß ein erheblich größerer Teil seiner Leser an die Reinkarnation glaubte als an Himmel und Hölle.

Nach einer Umfrage von 1989 glaubte jeder sechste Bürger der Bundesrepublik Deutschland an Reinkarnation.

Immerhin ist die Reinkarnation eine ziemlich attraktive Vorstellung. Sie bietet uns allen die Chance, unser Leben nach der scheinbaren Endgültigkeit des Todes fortzusetzen. Außerdem ist der Gedanke, in einer uns bekannten Welt weiterzuleben, weitaus einfacher nachvollziehbar, als sich mit den „abstrakten" Begriffen Himmel und Hölle auseinanderzusetzen.

Immer wieder werden in der Presse beeindruckende Fälle vorgestellt, in denen sich bestimmte Personen an ein früheres Leben erinnern. Dr. Ian Stevenson, Vorsitzender des Lehrstuhls für Neurologie und Psychiatrie an der medizinischen Fakultät der Universität von West Virginia, hat einige Fälle besonders gründlich erforscht. Seine Fallbeispiele haben ihm weltweite Aufmerksamkeit eingebracht. Vom analytischen Standpunkt aus bevorzugt er Kinder als Reinkarnationsbeispiele, denn diese können ihr Wissen wohl kaum aus anderen sozialen Kontexten erhalten haben.

Zu den am besten erforschten Beispielen gehören die Fälle von Shanti Devi und Eduardo Esplugus-Cabrera.

Shanti Devi wurde 1926 in Delhi geboren. Mit etwa drei Jahren fing sie an, sich an Vorfälle aus einem früheren Leben in Muttra, das 80 Meilen von Delhi entfernt liegt, zu erinnern. Sie berichtete ihren Eltern, daß sie früher Lugdi geheißen habe und bei der Geburt ihres ersten Sohnes gestorben sei. Ihr Mann habe Kedar Nath Chaubey geheißen. Mit neun Jahren drängte Shanti ihre Eltern dazu, einen Brief an eine Verwandte der verstorbenen Frau zu schreiben, und überraschenderweise kam ein Brief zurück, der alles bestätigte, was Shanti behauptet hatte.

Daraufhin fuhr Shanti nach Muttra und konnte viele Verwandte Kedar Nath Chaubeys identifizieren. Sie lotste einen Wagen durch die Straßen des Ortes bis zu ihrem alten Haus, das sie erkannte, obwohl es inzwischen eine andere Farbe hatte. Sie konnte Fragen zu der Zimmeraufteilung und zu diversen Objekten im Haus richtig beantworten und berichtete auch, daß eine bestimmte Geldsumme im Fußboden des Hauses ihres Schwiegervaters vergraben worden sei, was tatsächlich

stimmte. Alles in allem gab Shanti etwa 24 wichtige Feststellungen zu ihrem früheren Leben ab, die alle zutrafen.
Der Kubaner Eduardo Esplugus-Cabrera berichtete seinen Eltern mit etwa vier Jahren von einem früheren Leben in Havanna. Er konnte sich an die Namen einiger Verwandter erinnern und seine Mutter detailliert beschreiben. Sie hatte „glatte Haut, schwarze Haare, und machte Hüte ..." Eduardo sagte, daß er in seinem früheren Leben Pancho geheißen habe. Stevenson zufolge waren Eduardos Eltern sich sicher, daß der Junge niemals an dem Ort seiner früheren „Existenz" gewesen sei. Als man schließlich mit ihm dorthin fuhr, fand er zwar den Weg zum Haus nicht, erkannte aber das eigentliche Haus sofort. Die Bewohner des Hauses identifizierte er nicht, aber auf Nachfragen zu den früheren Bewohnern stellte sich heraus, daß die von Eduardo benannte Familie tatsächlich in diesem Haus gewohnt hatte und kurz nach Panchos Tod ausgezogen war. Alle von Eduardo genannten Daten waren korrekt bis auf den Vornamen seines Vaters.
Stevenson ging anfangs skeptisch an seine Nachforschungen heran und erwog alle möglichen Alternativen: Betrug, „rassische Erinnerungen" und außersinnliche Wahrnehmung. Schließlich gelangte er zu der Auffassung, daß Reinkarnation die wahrscheinlichste Möglichkeit sei. Die bekannte Medizinerin Dr. Elisabeth Kübler-Ross betrachtet die Reinkarnation ebenfalls als Tatsache.
Fälle wie die beiden geschilderten können zwar nicht die Universalität der Reinkarnation beweisen, legen jedoch nahe, daß es manchmal dazu kommen kann. Man könnte aus solchen Fällen den Schluß ziehen, daß Bewußtsein (und Erinnerung) nicht vom physischen Organismus abhängen und tatsächlich den körperlichen Tod überdauern.

DIE URSPRÜNGE DER MAGIE

Die Ursprünge der Magie reichen bis zu den Anfängen der Geschichte zurück, als der Mensch mit einer sonderbaren und oft genug feindseligen Umgebung und seiner mysteriösen, kaum erklärbaren Existenz konfrontiert war. Er war von immensen Kräften umgeben und ihnen völlig ausgeliefert – die Sonne, der Mond, die Naturgewalten, die Wanderungen der Tiere, das Wachstum der Pflanzen. Und auch in seinem Leben selbst stand der Mensch vor mysteriösen, machtvollen Kräften – Geburt, Tod, Krankheit, Hunger. Das, was er nicht kontrollieren konnte – den Lauf der Jahreszeiten, die Fruchtbarkeit der Herden –, versuchte er symbolisch in Riten zu manipulieren. Mythen entstanden, um den Ursprung und die Beschaffenheit der Dinge zu erklären. Dabei gelangte der Mensch auch eher zufällig an die Grundlagen der Wissenschaft und entwickelte daraus nach und nach die einzelnen Wissenschaftszweige. Vor allem begann er, das Wesen des Menschen zu erforschen und eine elementare Psychologie zu entwickeln. Ein Autor beschrieb einmal die Magie als „System archaischer Psychologie".

Je mehr sich der Mensch an seine Umgebung anpassen und sie kontrollieren konnte, desto spekulativer wurde die Magie. Sie befaßte sich immer weniger mit den alltäglichen Überlebensnotwendigkeiten, da der Mensch immer weniger von den Naturgewalten abhängig war. Immer wieder wurde der Unterschied zwischen Magie und Religion diskutiert, doch sicherlich gab es anfangs noch keine Unterscheidung; erst mit der wachsenden Spezialisierung von Aktivitäten innerhalb der menschlichen Gemeinschaften entwickelten sich die Unterschiede. Es entstand ein religiöses System, das der allgemeinen Bevölkerung eine Mythologie bot, während die Magie in den Händen weniger Menschen ruhte, an die der Rest der Gemeinschaft sich in Notzeiten wandte.

Als die Wissenschaft und die Technik Lösungen für die dringendsten Probleme des Menschen bereitstellten und die äußere Welt weniger feindlich machten, wandte sich die Magie den Innenbereichen zu, wurde zu einer Wissenschaft des Geistes und beschäftigte sich nicht mehr mit dem Versuch, die physische Umgebung zu kontrollieren. Im Westen führte diese Entwicklung zum Entstehen einer *intellektuellen* Magie, während in anderen Kulturkreisen die ursprüngliche, sogenannte primitive Tradition fortgesetzt wurde.

Viele dieser Entwicklungen werden wir in den nachfolgenden Kapiteln noch eingehender betrachten.

RITUELLE MAGIE

Von den Anfängen seines religiösen und magischen Bewußtseins an hat der Mensch mit Hilfe von Ritualen versucht, mit den Mächten des Universums in Verbindung zu treten und sie dazu zu bringen, sich ihm zu zeigen. Die frühesten Zeugnisse von Religion finden sich bei den alten Höhlenmenschen. Die Überreste ihrer Rituale sind heute im wesentlichen Kultgegenstände: Statuen der Erdmutter, in einer Fötuslage im Bauch der Erde bestattete, ockerrot bemalte Skelette, deren Farbe das Blut neuen Lebens zu symbolisieren scheint, und Bilder von Menschen, die als Tiere verkleidet offenbar Jagdriten vollzogen, wohl um das nötige Jagdglück zu beschwören. Auch der Erde wurden Opfergaben dargebracht, um die Fruchtbarkeit der großen Ernährerin zu sichern.

Mit der schwindenden Abhängigkeit von der Jagd und dem Nomadentum entwickelten die Menschen eine andere Einstellung zur Magie und zum Ritual. Waren die ersten Menschen noch einer Welt voller erschreckender Phänomene ausgeliefert, die im Ritus symbolisiert und nur durch ihn „kontrolliert" werden konnten, so beschäftigten sie sich seit Beginn des Ackerbaus mehr und mehr mit den Zyklen der Natur, von denen der Erfolg der Ernte abhing. Die Menschen standen in einer engen Verbindung zum Zyklus des Lebens, des Todes und der Wiedergeburt, dem eigentlichen Zentrum der Landwirtschaft: die wie tot erscheinenden Samen, die den Keim des Lebens in sich tragen, und dann, sobald sie in die Erde eingepflanzt werden, neues Leben hervorbringen; der Himmel, der Regen und Sonnenschein gewährt; die Erde, die Wärme und Nahrung spendet.

Mit wachsendem technischen Wissen verringerte sich die Abhängigkeit der Menschen von der Natur, wodurch sich auch ihre Einstellung zur Religion veränderte. Aber nach wie vor praktizierte man Rituale; ausschließlich theoretische Lehren gab es kaum, denn die Massen konnten weder lesen noch hatten sie die Zeit, sich spekulativer Religion zu widmen. Die Rituale vermittelten jenen Menschen Lehren und Erfahrungen, die nicht in Worte gefaßt werden konnten.

Als die Kirche die Kultur immer entscheidender beeinflußte und sich zwischen Magie und Religion eine Trennung abzeichnete, verschwand die rituelle Magie immer mehr. Natürlich wurde sie von kleinen Gruppen oder einzelnen Menschen weiterhin betrieben, aber die Kirche verfolgte diejenigen, die an Praktiken teilnahmen, die außerhalb ihres Glaubensschemas lagen. Einige dieser Gruppen, etwa die Alchemisten, die Rosenkreuzer und später die Freimaurer, hielten einige Traditionen der rituellen Magie aufrecht. Innerhalb der Kirche selbst setzten sich die alten Methoden des Lehrens mittels ritueller Anteilnahme fort. Die heiligen

Sakramente und der Zyklus des Kirchenjahres waren die Mittel, um dem ungebildeten Menschen, der die Grundlagen des Glaubens und die diffizilen Mysterien der katholischen Religion nicht verstehen konnte, die Lehren des Christentums näher zu bringen.
Doch gleichzeitig gab es auch andere Traditionen – einige ausdrücklich nichtchristliche, andere innerhalb der christlichen Tradition –, die Rituale für magische Zwecke einsetzten, und mit abnehmendem Einfluß der Kirche traten sie zunehmend in die Öffentlichkeit. Im Gegensatz zu den alten Traditionen der rituellen Magie beschäftigten sich nun ausschließlich die Gebildeten mit den Techniken der rituellen Magie. Sie wollten dadurch Macht, Wissen und Erfahrung erlangen. Freimaurer, Rosenkreuzer, Alchemisten, Tempelritter – es entwickelte sich eine große Bandbreite, und viele Einzelgänger arbeiteten auch individuell mit den Praktiken. Namen wie Paracelsus und John Dee erinnern uns daran, daß die Traditionen fortbestanden, wenn auch oft im Verborgenen.
Erst im 19. Jahrhundert gab es tatsächlich ein erneutes Aufkommen der rituellen Magie. 1801 veröffentlichte Francis Barrett sein Werk *The Magus* (ein nahezu unlesbares, extrem komplexes Buch), sein Erstlingswerk, dem noch viele weitere Werke zu diesem Thema folgen sollten. Sein Einfluß war jedoch gering, verglichen mit dem von Eliphas Lévi, dessen *Transzendentale Magie* 1856 erstmals veröffentlicht wurde und der einen größtenteils unverdienten Ruf als große Autorität zu diesem Thema erlangte. In der zweiten Hälfte des 19. Jahrhunderts wurde der *Hermetische Orden der Goldenen Dämmerung – Order of the Golden Dawn* – gegründet, der mehr als jede andere Gruppe den Verlauf der rituellen Magie beeinflußte und sie in der allgemeinen Öffentlichkeit bekannt machte. Aus dieser Gruppe heraus entwickelte sich eine Reihe anderer Gruppen *(Order of the Cubic Stone, Fraternity of the Inner Light* und andere), die die Traditionen der Magie in unterschiedlicher Form aufrecht erhielten. Heute setzen sich diese Traditionen in diversen okkulten Gruppen fort, aber auch durch individuelle Magier, die diesen alten Pfad alleine beschreiten. Viele der „alten Schulen" gibt es heute nicht mehr in ihrer ursprünglichen Form. So spielen etwa die Freimaurer, die früher einmal ausschließlich eine Schule des rituellen Okkultismus waren, heute diesen Aspekt ihrer Tätigkeit herunter.
In der rituellen Magie werden Riten, Symbole und Zeremonien eingesetzt, um die dem Universum und dem Menschen zugrunde liegenden Kräfte zu repräsentieren und zu kontaktieren. Das Ritual ist ein Prozeß der Dramatisierung; der Mensch setzt sich in seiner Gesamtheit von Körper, Gefühlen und Geist ein, um ein ganzheitliches Erlebnis hervorzurufen. Im Ritual werden alle Sinne eingesetzt – Sehen, Hören, Riechen, Schmecken, Tasten – sowie alle Methoden der Dramaturgie und alle Techniken der Religion. Die rituelle Magie zentriert sich auf Symbole, die Schlüssel zum Unbewußten, durch die Konzepte und Ideale, die über das Begriff-

liche oder intellektuelle Verständnis hinausgehen, vermittelt werden können. Das Ziel der rituellen Magie ist eine transzendente Erfahrung – eine Erfahrung, die über die Begrenzungen des Geistes hinausgeht. Eine Erfahrung der Realität des Seins, der Bereiche, die man auch als *Superbewußtes* bezeichnen könnte; diese Erfahrung soll jedoch auf kontrollierte, ausgewogene, ganzheitliche Weise ablaufen. So zielt die rituelle Magie auf die gleichen Ziele ab wie viele andere mystische Techniken. Doch im Gegensatz zum Mystiker ist der Magier eher aktiv als kontemplativ, er arbeitet eher mit einer Externalisierung innerer Realitäten als mit der Introspektion. Und im Gegensatz zum Drogenkonsumenten bemüht er sich um eine bewußt kontrollierte und gelenkte Reise nach innen; er verläßt sich nicht auf eine durch synthetische oder sonstige Drogen vermittelte Erfahrung, sondern auf den Einsatz seiner natürlichen Fähigkeiten. Alle Kultgegenstände der Magie, alle Zeremonien und Rituale, alle Begriffe und Symbole sind dazu angetan, den Willen des Magiers zu bündeln und auf innere Realitäten zu lenken. Das höchste Ziel der rituellen Magie sind nicht spektakuläre und offensichtlich übernatürliche Effekte, sondern eine Transformation des Individuums. Diese laßt aus einem normal Sterblichen das werden, was nur als *Supermann* bezeichnet werden kann: Man ist durch und durch lebendig, völlig frei.

Wie Eliphas Lévi zutreffend festgestellt hat, gibt es drei maßgebliche Grundgesetze der rituellen Magie:

1. *Das Gesetz des Willens:* Die Willensstärke ist eine reale Kraft, die bei richtiger Stimulanz und Steuerung ebenso mächtig ist wie jede andere körperliche Kraft; dieser Wille ist jedoch ganz anders beschaffen als das vage, kaum definierte „Wunschdenken“, mit dem er häufig verwechselt wird. Der Wille muß kultiviert, diszipliniert und kontrolliert werden.
2. *Das Gesetz des Astrallichts:* Allem wohnt eine Grundsubstanz inne, die unter verschiedenen Namen bekannt ist; sobald der Magier ihr Wesen verstanden hat, kann er sie willentlich einsetzen und formen.
3. *Das Gesetz der Entsprechung:* die alte Lehre vom Mikrokosmos und Makrokosmos, derzufolge das, „was oben ist, genauso beschaffen ist wie das, was unten ist“; der Mensch ist ein Modell des Universums, und das Universum ist nur ein größerer Ausdruck derselben Prinzipien, die sich im Menschen verkörpern. Das Wissen um diese Korrespondenz zwischen dem Menschen und dem Universum befähigt den Magier, in sich alle Kräfte des Universums wachzurufen.

DOCH OBWOHL PRINZIPIEN entschlüsselt und erläutert werden können, stammt die einzig reale Lehre der rituellen Magie aus der individuellen Erfahrung und bedarf einer disziplinierten Entwicklung sowie einer mühsamen Transformation des Selbst.

RITUELLES BEWUSSTSEIN

Eigentlich ist ein Ritual ein Akt der Nachahmung. Bei den Naturvölkern spiegelten die Schamanen in ihren Aktionen die Bewegungen der Tiere wider, die sie umgarnen wollten, und wenn Regen erwünscht war, wurde in einer Zeremonie durch flatternde Bewegungen der Arme der fallende Regen symbolisiert, oder es wurde Flüssigkeit auf den Boden geschüttet.

In der Welt des Okkulten spielen Rituale eine bedeutende Rolle. So gibt es zum Beispiel bestimmte okkulte Rituale, in denen eine Art „Sündenbock"-Effekt praktiziert wird. In Francis Barretts *The Magus* lesen wir, daß durch bestimmte Hexenrituale Krankheit und Schmerzen auf eine leider in die Opferrolle gedrängte Kreatur übertragen werden sollten:

„Man nehme die vor Sonnenaufgang herausgetrennten Augen eines Frosches und befestige sie an den Brüsten der kranken Frau. Sodann lasse man den blinden Frosch ins Wasser zurückspringen. Alsdann wird die Frau von ihrem Leiden erlöst sein …"

Das Entfernen der Augen soll in diesem Fall die Herrschaft des Magiers über den Frosch bekräftigen, der nun nicht mehr in die Freiheit hüpfen kann. Die Brüste mit ihrer lebensspendenden Milch symbolisieren Gesundheit, und das Hineinwerfen des Frosches ins reinigende Wasser ist ein ritueller Akt, der den Körper von allen Übeln reinigen sollte. So gesehen, trägt der Frosch die Krankheit hinweg.

Oft ist der Kontakt zwischen dem rituellen Objekt und der aus dem Ritual Nutzen ziehenden Person von großer Bedeutung. In einem ähnlichen Ritual wie dem vorher beschriebenen sollte als Heilmittel gegen Fieber eine nackte Frau das Herz irgendeines Tieres nehmen und es an den Patienten binden, dann würde die Krankheit verschwinden. In diesem Beispiel wird das Fieber gleichgesetzt mit dem Tod des Opfertiers. Das Herz, seine eigentliche Lebenskraft, wird gegen die gefährliche Krankheit eingetauscht – natürlich auf Kosten des Tieres.

Das Hexenwesen und die primitive Magie beschäftigten sich häufig mit den Dingen, die die Natur, Feinde oder feindselige Götter den Menschen antaten. Rituale sollten die Menschen vor den Naturgewalten schützen, und zwar durch Nachahmung der Götter, deren Kräfte überall um sie herum wüteten.

Im alten Ägypten, in dem eine der ersten ausführlichen Kosmologien entstand, war die Sonne eines der dauerhaftesten Phänomene im beobachtbaren Universum. Verständlicherweise wurde sie zum schicksalhaften Symbol der Ägypter. Indem man ihre Bewegung nachahmte und sich mit dem Sonnengott identifizierte, konnte man ein neues Leben finden. Von den alten Ägyptern stammt die Lehre von der Wiedergeburt.

Osiris, der Gott, der von seinem Bruder Seth ermordet und auf wunderbare Weise wiedergeboren wurde, symbolisierte die spirituelle Wiedergeburt. Nach dem Tod reisten seine Anhänger den Fluß der Unterwelt hinab in das Totenreich, wobei man viele Höhlen durchwanderte, die die Stunden der Nacht repräsentierten. Im Totenreich ernährte man sich rituell mit Gerstenkuchen und Bier, ein Symbol für den Körper und das Leben von Osiris.

Die Anhänger von Re bemerkten, daß die Sonne Tag für Tag wieder erschien, und folgerten daraus – wieder in einem Akt der rituellen Identifikation –, daß auch der Mensch in Begleitung des Sonnengottes ständig wiedergeboren werden würde. Es wurde auch angenommen, daß die Menschen nach ihrem Tod in der Gefolgschaft des Sonnengottes reisten und an dem ständigen Kampf des (Sonnen)-Lichts gegen die Dunkelheit teilnahmen.

Diese frühen Riten waren also dazu angelegt, den Menschen selbst zu transformieren. Die ägyptische Mythologie beeinflußte die rituellen Praktiken des *Hermetischen Ordens der Goldenen Dämmerung.* Dieser Orden, der weiße, konstruktive – nicht schwarze, destruktive – Magie praktizierte, wollte Rituale zur geistigen Erleuchtung einsetzen.

Israel Regardie schreibt in *Tree of Life:*

„Das Bewußtsein ist hierarchisch gegliedert, und zwar in dem Himmel und der Erde zugehörige Bereiche; einige sind göttlich, andere dämonisch, wieder andere umfassen die höchsten Gottheiten und universale Wesenheiten ... das gesamte Universum ist durchdrungen von dem Einen Licht, und das Leben wird von einer Vielzahl mächtiger Gottheiten, göttlicher Wesen, kosmischer Geister oder Intelligenzen repräsentiert ...“

Anders als bei den Naturvölkern neigen moderne Okkultisten dazu, die Götter als Symbole positiver oder negativer geistiger Energien zu betrachten. In der *weißen Magie* wird die spirituelle Seite der menschlichen Natur gestärkt, in der *schwarzen Magie* wird eher die sexuelle oder animalische Seite des Menschens betont.

Die Rituale des *Hermetischen Ordens der Goldenen Dämmerung* sollten bei dem Adepten das Gefühl hervorrufen, sich in der Gesellschaft der Götter zu bewegen, die von den Mitgliedern des Ordens repräsentiert wurden, die sich in der entsprechenden mythologischen Tracht kleideten. Für viele waren diese Rituale gefühlsmäßig und intellektuell anregend, so auch für den Dichter W. B. Yeats, der eine Zeitlang der Leiter des Ordens war. 1923 wurde der Dichter mit dem Literaturnobelpreis ausgezeichnet, in seinem Werk beschrieb er mit schillernden Farben oftmals diese Rituale.

Dem modernen Okkultismus gemäß sind die Götter im Geist eines jeden Menschen lebendig, und es liegt an jedem einzelnen, sich die Wege der Inspiration zugänglich zu machen. So ähnelt die *weiße Magie* in vielen Aspekten dem *Kundalini-Yoga*, denn auch dort wird gezeigt, wodurch Energie- und Erleuchtungskanäle geöffnet werden können. In der rituellen Magie sollen sämtliche Sinne geschärft werden, und daher spricht das Ritual auch alle Sinne gemeinsam an:

- Das *Sehen:* Alle rituellen Gewänder und die symbolischen Farben sprechen bestimmte Aspekte des Bewußtseins an. So stehen Gold und Gelb für das Leben in Anlehnung an die Sonne. Rot ist die Farbe der Aggression und symbolisiert Blutvergießen.
- Das *Hören:* In der Magie gibt es eine Vielzahl von Gesängen, Mantras, Chorälen, die den Geist und die kreative Vorstellungskraft ansprechen.
- Der *Geschmacksinn:* Dieser kann angesprochen werden durch ein heiliges Sakrament wie Wein, aber auch durch ein halluzinatorische Getränk wie bei den Eleusinischen Mysterien.
- Der *Geruchsinn:* Räucherwerk und Parfüme werden oft eingesetzt zur Schaffung einer das Ritual unterstützenden sinnlichen Atmosphäre.
- Der *Tastsinn:* Im Ritual berührt der Adept immer wieder geheiligte Objekte, vielleicht das Glas, aus dem er das lebensspendende Elixir trinkt, vielleicht das Schwert, mit dem er die Dämonen (seines Geistes) in Schach hält, die sich seiner Bewußtseinserweiterung widersetzen.

WIR ERKENNEN also, daß die rituelle Magie vor allem dazu angelegt ist, den Menschen über sich selbst hinausgehen zu lassen. Dazu dienen ihm Symbole und die Mythologie, die ihn bei der Vorstellung unterstützt, daß auch er wieder unter den Göttern spazieren, ja, einer der ihren werden kann. Damit gewinnt der Mensch einen Zugang zum kosmischen Bewußtsein.

DER HERMETISCHE ORDEN DER GOLDENEN DÄMMERUNG

Wesentliche Aspekte des gerade in letzter Zeit wiedererstarkten Okkultismus sind auf den bedeutenden Hermetischen Orden der Goldenen Dämmerung zurückzuführen, der als erster ein komplettes magisches System ausarbeitete. Diesem Orden gehörten eine Reihe bekannter Schriftsteller an – MacGregor Mathers, der Übersetzer von *Zohar*, A. E. Waite, ein Kenner der Kabbala, der Rosenkreuzer und der Gralslegende, der Dichter W. B. Yeats und auch die Romanschriftsteller Arthur Machen und Algernon Blackwood. Aber auch Aleister Crowley, das berühmt-berüchtigte „Große Tier", war ein Mitglied dieses Ordens. In jeder esoterischen Buchhandlung findet man heute Waites Tarot-Karten und vielleicht auch Crowleys spekulative, visionäre Karten. Die meisten modernen Okkultisten, die Magie als eine Art westlichen Yoga praktizieren, fühlen sich diesem Orden zu Dank verpflichtet.

Die Ordensrituale basierten ursprünglich auf den fünf Freimaurergraden, die in den Schriften eines verstorbenen englischen Rosenkreuzers entdeckt worden waren. Dr. Wynn Westcott, ein Londoner Freimaurer (und Leichenbeschauer), bat Samuel (später MacGregor) Mathers, das Material so zu erweitern, daß es einer neuen okkulten Gesellschaft als Lehrbasis dienen könne. Diese Gruppe sollte dennoch eine lange Tradition für sich in Anspruch nehmen und gewissermaßen auch mit der esoterischen Fraktion der Theosophischen Gesellschaft konkurrieren, die um 1880 in London sehr modern geworden war.

Die eigentlichen Rituale sollten die Stadien der Erleuchtung oder des mystischen Bewußtseins mit Hilfe eines bestimmten kosmischen Pfades, des Lebensbaums, symbolisieren. Der Baum des Lebens, ein Schlüsselmotiv in der Kabbala, der jüdischen Mystik, zeigt zehn Bewußtseinsstufen zwischen dem Menschen und dem Göttlichen auf.

Angefangen bei den untersten Bereichen des Baumes gibt es vier Bewußtseinsstufen, in einfacher Begrifflichkeit dargestellt als: unsere Wahrnehmung der Umwelt (Malkuth), die sexuellen Triebe (Jesod), die Vernunft (Hod) und die Fähigkeit zur Liebe und zu Gefühlsregungen (Nezach). Mathers und Westcott verbanden diese und eine ursprünglich neophytische Stufe mit den fünf Freimaurergraden der Rosenkreuzer, und daraus entwickelten sich später die eigentlichen Rituale der Goldenen Dämmerung.

Die nächste Bewußtseinsstufe auf dem Lebensbaum (und man denke daran, daß das Ziel der weißen Magie darin besteht, die mystischen Stadien zum Göttlichen zurückzuverfolgen) wurde *Tiphereth* genannt und stand für die mystische Stufe des gottgleichen Menschen. Sie bot eine tiefe spirituelle Erfahrung, in der der Magier die Macht der göttlichen Energie in sich pulsieren fühlte und eine „Wiedergeburt" erlebte. Mathers und Westcott errichteten nun eine Art okkulter Gesellschaft innerhalb der Gesellschaft, indem sie diese Stufe und die nächsten zwei Stufen auf dem Baum, als die „zweite Ordnung" definierten. Von ihrer Existenz wurden die Adepten der Goldenen Dämmerung jedoch nicht informiert. Diese Stufe erhielt den grandiosen Titel *Rosae Rubeae et Aurea Crucis* (Rubinrose und Goldkreuz), was den Orden mit den Rosenkreuzern verband. Westcott, Mathers und ein weiteres Mitglied, Woodford, setzten sich selbst an die Spitze dieses hochstehenden Grades. Darüber gab es noch drei weitere Grade, symbolisch der Dreifaltigkeit zugeordnet, bestehend aus *Kether,* der Krone, *Chockmah,* der Weisheit und *Binah,* dem Verstand. Vor allem Mathers bestand gegenüber Mitgliedern eines niedrigeren Grades darauf, den alleinigen Zugang zu diesen höheren Weihen zu haben.

Der erste Tempel der Goldenen Dämmerung, *Isis-Urania,* wurde 1888 in London eröffnet; 1896 folgte der *Osiris-Tempel* in Weston-Super-Mare, der *Horus-Tempel* in Bradford, der *Amun-Re-Tempel* in Edinburgh und ein dem Ahathoor geweihter Tempel in Paris. An den Namen dieser Tempel läßt sich der starke Einfluß der ägyptischen Mythologie erkennen, abgesehen vom Symbolismus der Rosenkreuzer, der sich in der mystischen Stufe *Tiphereth* zeigt.

Mathers gewann im Orden zunehmend an Einfluß, besiegelte aber letztlich selbst sein Ende durch sein autokratisches Gebaren. Mitglieder wie etwa Annie Horniman, die ihm vorwarfen, sich in eine elitäre Isolation zurückgezogen zu haben, pflegte er barsch zurückzuweisen. Er widmete einen Großteil seiner Zeit der Übersetzung bedeutender okkulter Texte, etwa *Magic of Abremalin,* und erwartete von seinen Gefährten, ihm seine Ausflüge ins British Museum oder in die Bibliothèque de L'Arsenal in Paris zu finanzieren.

Als Mathers schließlich seinen Anspruch auf ausschließliche Autorität nicht mehr aufrechterhalten konnte, zerfiel der Orden allmählich. Florence Farr brachte ihre *Sphere Group* dazu, sich um ein ägyptisches Astralwesen herum zu scharen. Dr. Felkin gründete die *Stella Matutina.* Als Mathers 1918 starb, zerfiel die ursprüngliche Goldene Dämmerung vollständig, obwohl Felkins Gruppe weiterhin einen gewissen Einfluß hatte, der noch heute bei der *Fraternity of the Inner Light* und deren Abkömmlingen spürbar ist.

Die Mitglieder der Goldenen Dämmerung mußten bestimmte Wissensgebiete beherrschen, zu denen auch Teilbereiche von Magie, Tarot, Alchemie und Astrologie gehörten, die auch heute noch von erheblichem Interesse sind.
Auf der Stufe *Malkuth* wurde Informationen zur Alchemie und zu den Elementargeistern von Erde, Luft, Wasser und Feuer vermittelt; auch die symbolische Verbindung zwischen den Gottheiten der diversen Religionen sowie die zehn Grundstufen des Bewußtseins auf dem Baum des Lebens wurden erläutert.
Auf der *Jesod*-Stufe erfuhren die Ausübenden von *Nephesch*, der Stofflichkeit des Körpers und den animalischen Instinkten.
In *Hod* erfuhr man von den Verbindungen der zweiundzwanzig wichtigsten Tarot-Karten zu den Bewußtseinsstufen des Baums, in *Netzach* erfuhr man die geheiligten Namen Gottes.
Alle Mitglieder des Ordens nahmen an den ihren jeweiligen Graden entsprechenden Ritualen teil, die ihnen Ehrfurcht vor den Mysterien einflößen sollten. Zwischen 1937 und 1942 veröffentlichte Israel Regardie sämtliche Rituale der *Stella Matutina*, die dieser Orden der der Goldenen Dämmerung übernommen hatte. R. G. Torrens Zusammenfassung, *The Secret Rituals of the Golden Dawn*, weicht geringfügig davon ab. Viele moderne okkulte Vereinigungen sowohl in den USA als auch in Großbritannien halten sich in ihren Graden an die der Goldenen Dämmerung, und auch in der okkulten Musik und der Literatur der alternativen Szene aus den siebziger Jahren sind immer wieder Spuren dieses Ordens erkennbar.

KABBALA

Die Kabbala hat vielleicht mehr als jede andere mystische Richtung das Okkulte grundlegend beeinflußt. Wie bei den meisten mystischen Systemen werden auch hier die Bewußtseins- und Seinsstufen zwischen dem Menschen und dem Göttlichen beschrieben, aber nicht aus diesem Grund ist die Kabbala zur Grundlage der modernen Magie geworden. Sie stützt sich im wesentlichen auf ein komplexes System, den Baum des Lebens, und weil dieser Baum ein derart pragmatischer Rahmen ist, an dem sich die grundlegenden Rituale und Meditationen orientieren, ist die Kabbala auch heute noch von Bedeutung.

In der kabbalistischen Tradition – der Begriff *QBL*, von dem Kaballa abgeleitet wurde, bedeutet mündlich überlieferte Geheimlehre – stammt das gesamte sichtbare Universum von En-Soph ab, der verborgenen und grenzenlosen göttlichen Energie, die ohne Eigenschaften und Attribute ist. Die Kabbalisten glaubten, daß diese Grenzenlosigkeit verlorenginge, sobald man versuchte, En-Soph Eigenschaften zuzuordnen.

Der Baum des Lebens beschreibt eigentlich eine Art von Kristallisationsprozeß, in dem das Grenzenlose allmählich Grenzen bekommt, und letzteres ist die Welt, wie wir sie wahrnehmen. Für den Kabbalisten gibt es jedoch Zwischenstufen des Seins, des Geistes, der Energie oder des Bewußtseins – wie auch immer man dies bezeichnen möchte. En-Soph enthüllt dem Menschen also Aspekte seiner Göttlichkeit, und auf dem Baum des Lebens werden diese durch zehn Hauptstufen, die *Sephiroth*, symbolisiert. In der modernen magischen Praxis können die Sephiroth am ehesten als Bewußtseinsstufen gesehen werden. Der Magier beginnt mit dem momentanen Zustand seines „irdischen Bewußtseins" und versucht, die geheiligten Schritte zum Göttlichen zurückzuverfolgen. Die zehn Stufen werden beschrieben als: *Kether* – Krone, der Gipfel der Schöpfung; *Chockmah* – Weisheit (der Vater); Binah – Verstand (die Mutter); *Chesed* – Gnade; *Geburah* – Stärke oder Härte; *Tiphereth* – Schönheit oder Harmonie (der Sohn); *Nezach* – Sieg; *Hod* – Ruhm, Glorie; *Jesod* – Fundament; *Malkuth* – Königreich auf Erden (die Tochter).

Sofort fällt auf, daß einige Sephiroth „persönlich" beschrieben werden – der Vater, die Mutter, der Sohn, die Tochter –, andere hingegen nur abstrakt, zum Beispiel Gnade. Eine eingehendere Analyse zeigt jedoch, daß dem nicht so ist, vor allem, wenn man sieht, wie der Baum in die Magie integriert worden ist. Der Magier betrachtet die Gottheiten verschiedener Weltreligionen und bemüht sich, sie zu vergleichen und sie zueinander in Beziehung zu setzen, wobei er ihre Eigenschaften, geheiligten Fähigkeiten und die von ihnen personifizierten Bestrebungen beachtet. Die Gottheiten symbolisieren für ihn das, was er selbst vielleicht einmal werden wird; ihre Mythologie ist für ihn eine Art symbolischer Energieprozeß, der tief in den spirituellen Bereichen seines Geistes abläuft. Dies wollte C. G. Jung mit seiner Theorie der Archetypen im kollektiven Unbewußten verdeutlichen, aber für den Magier ist dies eine pragmatische Realität. Er weiß, daß die Götter in seinem Geist wohnen, und entwickelt Rituale und Meditationen als Hilfsmittel, um ihnen zu begegnen.

Auf dem Baum des Lebens spielt jede Sephiroth-Stufe des Bewußtseins eine wichtige harmonisierende Rolle.

Die Krone, *Kether,* steht an der Spitze des Baumes. In dieser Stufe wird die Dualität überwunden, ähnlich wie im Nirwana des Buddhisten, einem Zustand grenzenloser Glückseligkeit. Den nächsten Stufen, *Chockmah* und *Binah* –Großer Vater bzw. Große Mutter –, werden Attribute der Sexualität zugeschrieben. Zusammen mit *Kether* bilden sie die kabbalistische Dreifaltigkeit. Chockmah ist die nach außen gehende, dynamische, schöpferische Kraft, *Binah* ist der Bauch, aus dem alles entsteht, die Mutter von uns allen.

Interessanterweise betrachten die Kabbalisten ihre Lehren zum Teil als Kommentar zur Genesis; die verbleibenden sieben Stufen auf dem Baum sollen die sieben Tage der Schöpfung repräsentieren. Sie haben auch mythologische Gegenstücke; de facto repräsentieren die sieben Tage das gesamte mystische Universum. Durch den Sündenfall wurde der Mensch von Gott getrennt; zwischen der Trinität und dem Rest des Baums besteht ein tiefer Abgrund, der *Abyssus,* den man nach Meinung der Magier zwar überwinden kann, aber dafür müssen erst sämtliche Haftungen des Ego und des Selbst verschwinden. Dann wandelt sich das Begrenzte zum Grenzenlosen.

In der Mythologie beziehen sich die Stufen *Chesed* und *Geburah* auf den Vater der uns bekannten Welt. Oft wird behauptet, daß dieser Vater hoch auf einem gewaltigen Berg beheimatet ist, der bis in die Grenzenlosigkeit des Himmels reicht; nicht von ungefähr wohnte Zeus auf den Höhen des Olymp. *Chesed* repräsentiert den gnädigen Gott-Vater, *Geburah* repräsentiert ihn im Krieg. Bei den Griechen hieß dieser Gott Ares, bei den Römern Mars. Der Kabbala nach setzt sich das Universum aus einem dynamischen Konflikt zwischen Leben und Tod zusammen, es herrscht ein ständiger Aufbau und Zusammenbruch. *Chesed* erhält den Frieden und die Ordnung im Kosmos aufrecht, *Geburah* reißt alles nieder, sobald es keinen Nutzen mehr hat.

Darunter, im Zentrum des Baumes, liegt *Tiphereth.* Aus dieser Stellung wird deutlich, daß diese Stufe auf halbem Weg zwischen dem Menschen und der Gottheit liegt und damit den gottgleichen Menschen bzw. den Messias repräsentiert. Das Ziel aller spirituellen Systeme ist es, dem Menschen zu ermöglichen, ein Kind der

Götter zu werden, und so verkörpert *Tiphereth* der Sohn. Interessanterweise kommt in unterschiedlichen Religionen und Mythologien Göttern wie Osiris, Apollon, Dionysos und Christus allen eine auffallend ähnliche Rolle als Symbole *neuen Lebens* zu. Gewöhnlich handelt es sich bei solchen Gottheiten auch um Sonnengötter, da die Sonne mit jedem Morgengrauen aus ihrem nächtlichen „Tod“ wiedergeboren wird.

Das Hauptziel des Hermetischen Ordens der Goldenen Dämmerung bestand darin, ihre Mitglieder auf die mystische Erfahrung von *Tiphereth* vorzubereiten. In den Ritualen dieses Ordens finden sich bezeichnenderweise sowohl ägyptische als auch christliche Symbole.

Auf der nächstunteren Stufe des Baumes befindet sich *Nezach* – die Liebe, die Künste und die Gefühle repräsentierend. Dieser Stufe gegenüber liegt *Hod* als Gegenstück – der rationale Verstand und die Vernunft. Als nächstes gelangen wir zu *Jesod,* die die tieferliegenden Bereiche des Geistes repräsentiert. Der Baum stellt ein symbolisches Diagramm dar, welches das geistige Potential des Menschen aufzeigt. In *Jesod,* die in der Psychologie dem tiefen Unbewußten gleichkommt, finden sich die sexuellen Triebe. Die Kabbalisten bezeichneten diese Stufe als *Nephesch* oder die animalische Seele, in der Mythologie wird sie vom Mond repräsentiert. So wie der Mond die Sonne reflektiert, spricht die Verehrung des Mondes eher die animalischen als die spirituellen Instinkte an. In den Mondmessen des Hexenwesens wurde der Gehörnte (das Biest) verehrt und die Hexen ritten auf ihren Besen (einem Phallus-Symbol) zu ihren Messen. Der Hexenglauben war und ist sexuell begründet.

Die letzte Sephirah, *Malkuth,* repräsentiert unser momentanes Bewußtsein. Es liegt an uns, den Weg zurück in die okkulten Bereiche des Geistes zu finden, die tatsächlich die Quelle aller Inspiration und allen Wissens sind.

Um den klassischen Kabbalisten gerecht zu werden, muß festgestellt werden, daß obige Zusammenfassung eine moderne, okkulte Interpretation der Kabbala ist, nicht eine historische. Natürlich war der Judaismus eine monotheistische Religion, und von daher kann man nicht von „den Göttern“ sprechen, sondern nur von „dem einen Gott“. Doch vielleicht ist der Unterschied zwischen Polytheismus und Monotheismus eher akademisch und entspricht in Wahrheit nur einer symbolischen Aufteilung. Wallis Budge stellte fest, daß sogar im Glauben der alten Ägypter die Götter alle von einem abstammten, Re, obwohl sie aus praktischen Gründen als getrennte, autonome Gottheiten dargestellt wurden.

Magier und Okkultisten betrachten die Kabbala und den Baum des Lebens als einen Rahmen, in den sich sämtliche Symbole westlicher und östlicher Religionen einfügen lassen. Damit geht die Kabbala über ihre ursprünglichen judaischen Grenzen hinaus. In der Neuzeit wurde auch noch eine Verbindung zwischen der großen Arcana des Tarot und den zehn Stufen des Baumes hergestellt. Die Sephiroth entsprechen den eigentlichen Bewußtseinsstufen, die 22 Tarot-Karten „Eingängen" oder „Pfaden", die zu ihnen führen. So ist aus der Kabbala eine komplizierte, tiefgehende „modernisierte" Kosmologie geworden. Mit ihrer Hilfe kann der Mensch seine ganzen geistigen Prozesse harmonisieren und schließlich die darin liegenden Möglichkeiten der spirituellen Erleuchtung wiederentdecken.

TAROT

Der Gebrauch der Tarot-Karten gehört zu den interessantesten und beliebtesten okkulten Praktiken. Die meisten Leute kennen diese Karten wohl als Vorläufer der normalen Spielkarten und wissen, daß sie von den Zigeunern zu divinatorischen Zwecken eingesetzt wurden. Doch die meisten Legenden über die Tarot-Karten sind falsch. Mit Sicherheit sind sie nicht von den Zigeunern im europäischen Mittelalter erfunden worden, da man weiß, daß es die Karten schon 100 Jahre vor Ankunft der Zigeuner in Italien gab. Sie stammen auch nicht aus dem alten Ägypten. Diese Legende ist Teil der romantischen Verklärung von „untergegangenen Kulturen". Im 18. und 19. Jahrhundert blickte man sehnsuchtsvoll auf ein „Goldenes Zeitalter" und dessen geheime, esoterische Weisheiten zurück und stellte sich fiktive oder symbolische Örtlichkeiten vor, wie etwa die Initiationskammern in den Großen Pyramiden, Atlantis oder Mu.

Antoine Court de Gébelin, ein französischer Theologe, war für einige der frühen Märchen über Tarot verantwortlich. In seinem Buch *Le Monde Primitif* behauptete er ohne jegliche Beweise, der Tarot sei Teil der ägyptischen Verehrung des Thot und die Karten seien eine bildliche Darstellung des geheimen Wissens der Adepten im alten Ägypten. Von besonderer Bedeutung war die Zahl Sieben – es gibt 22 Tarot-Karten, sie bilden die große Arkana: drei mal sieben plus „der Narr" mit der Nummer null. Außerdem gibt es vier Farben, die jeweils aus zwei mal sieben Karten bestehen. Gébelin behauptete auch, das Wort Tarot stamme aus dem Ägyptischen und bedeute „königlicher Pfad des Lebens". Seiner Meinung nach sind die Karten ein wichtiges okkultes Werkzeug zur bewußtseinsmäßigen Transformation des Menschen.

Seine Vermutungen wurden von *Alliette,* einem Pariser Perückenmacher oder – nach anderen Angaben – Mathematikprofessor, weitergeführt. Alliette, der als Autor das Pseudonym *Etteilla* (sein tatsächlicher Name, rückwärts buchstabiert) benutzte, erklärte, der Tarot sei 171 Jahre nach der Sintflut von 17 Magiern geschaffen worden. In seinem Zimmer im Hotel de Crillon in Paris pflegte er auch das Schicksal seiner Genossen in der Zeit der Französischen Revolution aus den Tarot-Karten zu lesen.

Der nächste Tarot-Theoretiker, der vielleicht mehr als alle anderen den modernen Okkultismus beeinflußt hat, war *Eliphas Lévi,* ein katholischer Priester, Grafiker und politischer Satiriker. Er war fasziniert von der Kabbala und ihren zehn Bewußtseinsstufen. Lévi machte die brillante Entdeckung, daß die 22 Tarot-Karten als symbolische Pfade zu diesen Bewußtseinsstufen führen und ihnen auch symbo-

lisch zugeordnet werden können. Beim Baum des Lebens gibt es ebenfalls 22 Verbindungen zwischen den zehn Stufen oder Sephiroth. Somit ist der Tarot eine wichtige Darstellung der Bilder des mystischen Bewußtseins.
Lévis Arbeit wurde von *Gérard Encausse* (auch *Papus* genannt) erweitert, der ebenfalls Kommentare zu der Verbindung zwischen Tarot und der Kabbala und vor allem zu den 22 Buchstaben des hebräischen Alphabets verfaßte.
Auch auf den *Hermetischen Orden der Goldenen Dämmerung* übte Lévi starken Einfluß aus. *A. E. Waite*, dessen Tarot-Karten *Rider-Pack* sehr beliebt sind, übersetzte eine Reihe von Lévis Büchern ins Englische, so auch *Histoire de la Magie*, und betrachtete ihn als den bedeutendsten Magus seiner Zeit. *Aleister Crowley* glaubte sogar, eine Reinkarnation von Lévi zu sein, und verfaßte auf der Grundlage von Lévis Werken sein Tarot-Buch *The Book of Thoth.*
Die Mitglieder der Goldenen Dämmerung benutzten die Tarot-Karten weniger zu divinatorischen Zwecken, sondern als Pfade in das Unbewußte, und hier liegen zweifellos auch die eigentlichen Anwendungsmöglichkeiten. Jede Karte kann man sich als einen Eingang vorstellen, durch den der Magier in seiner Vorstellung hindurchschreitet und dann symbolische sowie mystische Visionen zu dem imaginierten Baum des Lebens erhalten kann.
Im folgenden finden Sie eine Auflistung der Beziehung zwischen den Tarot-Karten und den hebräischen Buchstaben, wie sie A. E. Waite und *Paul Foster Case* hergestellt haben:

0	Der Narr	–	Tau
1	Der Magier	–	Aleph
2	Die Hohepriesterin	–	Beth
3	Die Herrscherin	–	Gimel
4	Der Herrscher	–	Daleth
5	Der Hohepriester	–	He
6	Die Liebenden	–	Vau
7	Der Wagen	–	Zain
8	Die Kraft	–	Heth
9	Der Eremit	–	Teth
10	Das Schicksalsrad	–	Jod
11	Die Gerechtigkeit	–	Kaph
12	Der Gehenkte	–	Lamed
13	Der Tod	–	Mem
14	Die Mäßigung	–	Noun
15	Der Teufel	–	Samech
16	Der Turm	–	Main

17	Der Stern	–	Pe
18	Der Mond	–	Tsade
19	Die Sonne	–	Coph
20	Das Gericht	–	Resh
21	Die Welt	–	Shin

MODERNE OKKULTISTEN benutzen die Karten der großen Arkana als Pforten zu größerem Bewußtsein. Jede dieser 22 Karten bezieht sich auf einen bestimmten Bereich der Psyche, wie er auch im Baum des Lebens symbolisiert ist. Der Baum ist ein lebendiges Gebilde, jede Sephirah fließt in die andere über. Auch der Magier muß mit den Strömungen des Bewußtseins fließen.

Ähnlich wie Jungs Archetypen des Unbewußten sind die Tarot-Bilder eine Art Mythologie des Geistes. Der Magier trifft in seinen Visionen die Götter, denn sie sind die Verkörperungen verschiedener Facetten seiner Persönlichkeit: So ist sein kämpferischer Aspekt zum Beispiel durch Mars (Der Wagen) repräsentiert, seine eher intuitiven, emotionalen Seiten durch Venus (Der Stern). Eine Meditation über die Tarot-Karten verhilft dem Okkultisten „zu einer ausgewogenen Persönlichkeit".

Im folgenden eine kurze Beschreibung der Tarot-Karten, wie man sie unter anderem auch in den Lehren der Goldenen Dämmerung (aus S. L. Mac Gregor Mathers, *The Tarot*) findet:

1. *Der Magier* oder *Gaukler:* Vor einem Tisch, auf dem verschiedene magische Gegenstände liegen, steht die Gestalt eines Gauklers. In der erhobenen Hand hält er einen Stab (in manchen Kartenbildern auch einen Becher), während die andere nach unten weist. Er trägt eine königliche Kopfbedeckung, deren weite Krempe seinen Kopf wie ein Heiligenschein umgibt. Sein Körper und seine Arme bilden die Form des hebräischen Buchstaben Aleph, mit dem die Karte korreliert. Er symbolisiert den *Willen.*
2. *Die Hohepriesterin* oder *Päpstin:* Eine Frau, deren Haupt von einer hohen Mitra oder Tiara (ihr Kopf ist verschleiert) gekrönt ist. Auf der Brust (manchmal von einer Stola verhüllt) trägt sie ein Sonnenkreuz, das aufgeschlagene Buch des Wissens hält sie in den Händen. Sie symbolisiert *Wissen, Weisheit.*
3. *Die Herrscherin:* Eine gekrönte Frau auf einem Thron, in der einen Hand hält sie ein Zepter mit einem Globus, über dem ein Kreuz steht. Die andere Hand ruht auf einem Schild, auf dem ein Adler mit einem Kreuz auf der Brust abgebildet ist. Sie ist das Symbol für *Aktion,* das Resultat aus der Verbindung zwischen Wissenschaft und Willen.
4. *Der Herrscher:* Auch er trägt eine Krone und lehnt an einem Thron, wobei seine Beine die Form des Kreuzes einnehmen. Neben ihm, unter seiner linken Hand, steht ein Schild, auf dem ein Adler abgebildet ist. In seiner Rechten hält

er ein Zepter ähnlich dem der Herrscherin. Sein Körper und die Arme bilden ein Dreieck mit dem Kopf als Spitze, so daß die ganze Figur ein Dreieck über einem Kreuz darstellt. Er steht für die *Verwirklichung.*

5. *Der Hohepriester* oder *Papst* (auch *Hierophant* genannt): Er trägt die päpstliche Tiara und sitzt zwischen den Säulen des Hermes und des Salomon; mit der Rechten macht er ein esoterisches Zeichen, in der Linken hält er ein Kreuz mit drei Querbalken. Vor ihm knien zwei Menschen. Er symbolisiert die *Gnade* oder das *Erbarmen.*
6. *Die Liebenden:* Ein junger Mann steht zwischen zwei Frauen. Oft wird diese Karte als Darstellung des Menschen zwischen Laster und Tugend gedeutet; ein geflügelter Genius bedroht das Laster mit einem Pfeil. Ich halte diese schwebende Gestalt eher für den aus Kether herabsteigenden Einfluß. Auch wird angenommen, daß diese Karte *Beweis* oder *Versuchung* symbolisiert, doch ich bin der Meinung, daß sie die mystische Transzendenz der Dualität durch *weise Überlegung* darstellen soll.
7. *Der Wagen:* Das komplizierteste und wichtigste Symbol, das von Eliphas Lévi rekonstruiert wurde. Es zeigt einen mit einer Krone versehenen Eroberer, der ein Zepter in der Hand hält. Er steht auf einem kubischen Triumphwagen, der vier Säulen und einen Baldachin hat und von zwei Pferden gezogen wird. Eines davon blickt nach vorn, das andere wendet dem Wagenlenker den Kopf zu. Diese Karte symbolisiert *Triumph, Sieg der Gerechtigkeit.*
8. *Die Gerechtigkeit:* Eine mit einer Krone versehene Frau auf einem Thron; in der rechten Hand hält sie ein Schwert, das mit der Spitze nach oben zeigt, in der linken eine Waage. Sie symbolisiert *Ausgewogenheit* und *Gerechtigkeit.*
9. *Der Eremit:* Ein alter, bärtiger Mann, der in einen Umhang gehüllt ist und den Kopf mit einer Kapuze bedeckt hat. In der rechten Hand hält er die Lampe der okkulten Wissenschaft, in der linken einen Stab, der halb unter seinem Mantel verborgen ist. Er symbolisiert die *Klugheit.*
10. *Das Schicksalsrad:* Ein sich drehendes Rad, auf dessen rechter Seite ein Tier nach oben, auf der linken eine Art Affe nach unten klettert. Beide sind an das Rad gebunden. In der Mitte oben befindet sich die Gestalt eines Engels (oder Sphinx), der in der einen Hand ein Schwert, in der anderen eine Krone hält. Dieses ziemlich komplizierte Symbol ist oft falsch dargestellt worden und wurde von Lévi sehr gut rekonstruiert. Es symbolisiert das gute wie das schlimme *Schicksal.*
11. *Die Stärke:* Eine Frau mit einer Krone auf dem Kopf schließt ruhig und mühelos das Maul eines wilden Löwen. Sie repräsentiert die *Stärke.*
12. *Der Gehenkte:* Dieses außergewöhnliche Symbol ist in den doppelköpfigen Karten nahezu unverständlich. In seiner korrekten Darstellungsweise zeigt es ei-

nen Mann, der an einem Bein an einem Balken aufgehängt ist. Die Hände sind auf den Rücken gebunden, so daß die Arme die Basis eines umgekehrten Dreiecks bilden. Das rechte Bein kreuzt das linke und bildet somit ein Kreuz über dem Dreieck. Er symbolisiert das *Opfer* (oder die totale Unterwerfung des Menschlichen gegenüber dem Göttlichen).

13. *Der Tod:* Ein Skelett mäht mit einer Sense Köpfe auf einem Feld. Er symbolisiert *Umwandlung, Veränderung.*
14. *Die Mäßigkeit:* Ein Engel oder ein junges Mädchen mit dem Zeichen der Sonne auf der Stirn gießt Flüssigkeit von einem Gefäß in ein anderes. Diese Karte symbolisiert den Prozeß der *Vermischung* und *Verbindung.*
15. *Der Teufel:* Ein gehörnter und geflügelter Dämon mit Adlerklauen steht auf einem Altar, an dem zwei kleinere Teufel festgebunden sind. In der linken Hand hält er eine Fackel. Er verkörpert das Bild des *Schicksals* und symbolisiert das *Verhängnis.*
16. *Der Turm:* In einen Turm mit kronenförmigen Zinnen schlägt ein Blitz ein. Zwei Männer stürzen kopfüber aus dem Turm, der eine formt den 16. hebräischen Buchstaben Ajin. Funken und Steinbrocken fallen auf den Boden. Diese Karte symbolisiert die *Zerstörung.*
17. *Der Stern:* Eine nackte weibliche Gestalt gießt aus zwei Gefäßen Wasser auf die Erde. Im Himmel über ihr erstrahlt der helle Stern der Weisen (umgeben von sieben weiteren Sternen). Unter ihrem magischen Einfluß wachsen Bäume und Pflanzen (auf einer leuchtet der Schmetterling der Psyche). Sie ist der Stern der *Hoffnung.*
18. *Der Mond:* Der Mond scheint am Himmel, Tautropfen fallen herab, ein Wolf und ein Hund heulen den Mond an. Ein von Blutstropfen gezeichneter Weg führt durch zwei am Rand stehende Türme hindurch und verliert sich am Horizont. Im Vordergrund kriecht ein Krebs im Wasser auf das Land zu (an das Tierkreiszeichen Krebs erinnernd, das vom Mond regiert wird). Diese Karte symbolisiert *Zwielicht, Täuschung, Irrtum.*
19. *Die Sonne:* Die Sonne strahlt auf zwei Kinder herab, die das Tierkreiszeichen Zwillinge andeuten. Hinter ihnen befindet sich eine niedrige Mauer. Diese Karte steht für *irdisches Glück.*
20. *Das Gericht:* Ein Engel bläst die Posaune zum jüngsten Gericht. An ihr hängt eine Fahne mit einem Kreuz. Die Toten stehen aus ihren Gräbern auf. Hier wird *Erneuerung* symbolisiert.
21. *Die Welt:* In der Mitte eines Blumenkranzes steht eine bis auf einen Schal unbekleidete junge Frau. Sie repräsentiert die Natur und die göttliche Präsenz in der Natur. In jeder Hand hält sie einen Stab. An den vier Ecken der Karte sind die vier Zeichen der Evangelisten bzw. die vier Formen der Sphinx

dargestellt: oben der Mensch und der Adler, unten der Löwe und der Stier. Diese Karte symbolisiert *Vollendung, Belohnung*.

22. (oder 0.) *Der Narr:* Ein Mann mit einer Narrenkappe, angezogen wie ein Hofnarr, trägt einen Stock über der Schulter, an dem ein Bettelsack hängt. Vor ihm lockt der Schmetterling des Vergnügens (in manchen Kartendarstellungen springt ihn ein Hund oder ein Tiger von hinten an). Er symbolisiert die *Torheit* und die *Buße*.

TATTVAS

Die Tattvas gehören zu den auffälligsten östlichen Elementen in den Ritualen der Goldenen Dämmerung. Um so auffälliger, wenn man bedenkt, daß dieser Orden ansonsten fest in den okkulten Inspirationen der westlichen Mythologie verwurzelt war. Dennoch wurden die Tattvas aus ihrem ursprünglich hinduistischen Zusammenhang heraus als angemessene Symbole für die Elemente Feuer, Wasser, Luft, Erde und Äther aufgenommen.

Im folgenden die fünf Grundsymbole:

Tejas, ein rotes gleichschenkliges Dreieck	–	Feuer
Apas, ein silberner Halbmond	–	Wasser
Vayu, ein blauer Kreis	–	Luft
Prithivi, ein gelbes Quadrat	–	Erde
Akasha, ein indigoblaues, eiförmiges Gebilde	–	Äther

NACH W. E. BUTLER wirkten die Tattvas wie Gezeiten in der magnetischen Sphäre der Erde. Wobei das Element Akasha am stärksten bei Sonnenaufgang ist und sich dann mit dem Element Vayu vermischt; dieses wiederum geht in Tejas über, Tejas in Apas, und schließlich geht Apas in Prithivi auf.

Doch hauptsächlich sollen diese Symbole als Pforten zu den visionären verborgenen Bereichen des Geistes dienen. Sie können einzeln oder eines auf dem anderen liegend verwendet werden und wirken als eine Art Wegweiser zum Unbewußten. Die Symbole werden zu Katalysatoren, um bestimmte Bilder freizusetzen. So erhält der Magier, der über das rote Symbol Tejas meditiert, Visionen, die mit dem Element Feuer in Verbindung stehen. Wenn er über Apas, das Wasser, meditiert, kann er Visionen von Wasser erwarten. Vielleicht gehen mit ihnen auch Phantasiewesen aus der westlichen Mythologie, zum Beispiel Wassergeister oder Seejungfrauen, einher.

Dazu bereitet der Magier eine Reihe bildlicher Darstellungen auf weißem Karton vor und konzentriert sich so lange auf das Symbol, bis das dahinter liegende Bild auftaucht. Dieses Bild bewahrt er in seiner Vorstellung auf und nimmt es als Meditationsvorlage. Als nächstes stellt er sich vor, daß das Bild hinter dem Symbol zu einer passierbaren Pforte geworden ist. Wenn der Meditierende sein Bewußtsein durch die Pforte hindurch lenken kann, erlebt er Visionen, die zu dem Element passen, das er ausgewählt hat. Aus der Vision kann er sich auch wieder zurückziehen, indem er durch den Eingang, durch den er hineingelangt ist, auch wieder hinausgeht.

Die Verwendung der Tattvas als „astrale Eingänge“ ist nicht als eskapistische Ablenkung gedacht; vielmehr soll sie dem Ausübenden zeigen, daß in seinem Unbewußten bestimmte Energien aktiv sind. Diese nehmen eine menschliche Gestalt an, indem der Geist selbst sie strukturiert. Sie erscheinen in Visionen als Gnome, Elfen, Feen, Naturgeister etc. In großer Versenkung kann eine solche Meditation auch zu Visionen von Engeln und Erzengeln führen, denn auch diese stehen in einer symbolischen Beziehung zu den Elementen. So ist zum Beispiel Michael der Erzengel des Feuers, Raphael gehört zur Luft, Uriel zur Erde und Gabriel zum Wasser. In der Vision kann der Magier schließlich die Geistwesen direkt ansprechen und bestimmte Auskünfte erbitten. Er wendet sich praktisch an die tiefen Schichten seines Unbewußten und fördert wertvolle symbolische Einsichten zutage, die ansonsten für immer verloren sein könnten. Im Hermetischen Orden der Goldenen Dämmerung sollte der Magier auch seine Persönlichkeit ausgleichen, indem er Geister traf, die seinen Schwächen entgegenwirken sollten. Ein Mensch mit einer „luftigen“, träumerischen Lebenseinstellung konnte dieser Theorie nach aus einer Begegnung mit den Erdgeistern Nutzen ziehen, ein Mensch mit einer eher „wässrigen“ Veranlagung sollte seine Persönlichkeit mit Hilfe des Elements Feuer stärken.

SEXUALMAGIE

Schon immer ist den Menschen wohl bewußt gewesen, daß die sexuelle Erfahrung ihnen mehr als nur sinnliches Vergüngen bereiten kann. Auf mysteriöse, ja fast magische Weise kann sie das Bewußtsein schärfen, die Wachheit vergrößern und das rein körperliche Erleben und darüber hinaus auch noch andere Empfindungen verstärken. Aber nicht nur aus diesen Gründen umgibt die Sexualität etwas Magisches. Durch ihre Verbindung zur Fortpflanzung – nur hier kommt der Mensch annähernd an die göttliche Fähigkeit, Leben zu schaffen, heran – haftet der Sexualität auch etwas Mysteriöses, Machtvolles an. In alten Legenden wird die Erschaffung der Erde mit den sexuellen Aktivitäten von göttlichen Wesen in Verbindung gebracht; andere Mythen bedachten die Götter mit diversen sexuellen Eigenschaften. In Ritualen wurden häufig sexuelle Vorstellungen und Stimulierungen eingesetzt, wenn auch oft sorgfältig versteckt, um diese grundlegende menschliche Energie wachzurufen und zu steuern. Im alten Griechenland wurden die Götter und ihre Verehrer oft im Zustand sexueller Erregung dargestellt. Die durch sexuelle Stimulation erzeugte Lust und das gesteigerte Bewußtsein wurden als Teil der Ekstase religiöser Verehrung gezeigt. Oft wurde angenommen, daß die Gläubigen während des Geschlechtsverkehrs von den Göttern besessen waren (mit allen sexuellen Anklängen).

Ekstatische Zustände, Visionen, Stimmen und übernatürliche Erfahrungen gingen oft einher mit den Höhepunkten der sexuellen Erregung. In diesem Zustand, in dem der physische Körper mit einer höheren Existenz zu verschmelzen schien, glaubte der Mensch, dem Göttlichen, dem sich in der Sexualität manifestierenden kreativen Lebensprozeß am nächsten zu sein.

Mit der Ausbreitung des Christentums und der nachfolgenden Entwicklung einer äußerst puritanischen Einstellung zur Sexualität konnten diese religiösen Erfahrungen nicht mehr in der Öffentlichkeit gemacht werden, weil sie von der Kirche heftig verfolgt wurden. Die Sexualität wurde mit dem Teufel in Verbindung gebracht, doch ihre Macht, das menschliche Bewußtsein zu vergrößern und ekstatische Zustände hervorzubringen, wurde nie geleugnet. Nun jedoch wurde behauptet, daß der Teufel seinen Schülern diese Macht verleihe. So basierten die Hexenverfolgungen im 16. und 17. Jahrhundert zum größten Teil auf „Nachweisen" von sexueller Betätigung im Zusammenhang mit der Teufelsverehrung. Psychologisch gesehen sind sie wohl zu einem Großteil auf die sexuelle Frustration der Menschen zurückzuführen, die mit abnormen repressiven Moralvorstellungen leben mußten. Den als Hexen Angeklagten wurde als Schuldbeweis oft nacktes Tanzen, „anormales" sexuelles Verhalten, Geschlechtsverkehr mit dem Teufel und die Verwendung von sexuell anregenden Drogen vorgeworfen.

Doch es gab auch diverse Bewegungen, die von den Anfängen des Christentums bis ins Mittelalter hinein die alten Traditionen der sexuellen religiösen Erfahrung aufrechterhielten. So wurde etwa den Tempelrittern oft vorgeworfen, als Teil ihrer magischen Rituale Sodomie zu betreiben.

Bei den berüchtigten Schwarzen Messen des traditionellen Satanismus wurde häufig ein sexueller Ritus vollzogen, bei dem der Ausübende mit einer Prostituierten, die als Altar diente, sexuell verkehrte. Die Erregung der übrigen Teilnehmer wurde durch stimulierende Mittel gesteigert.

Obwohl viele Völker und religiöse Traditionen Sexualität mit religiöser Erfahrung in Verbindung brachten, gab es nur wenige Gruppen, die die Sexualität tatsächlich einsetzten, um religiöse oder magische Macht zu gewinnen. In den tantrischen Traditionen des Hinduismus gibt es diverse sexuelle Techniken, die das Bewußtsein steigern und zu religiösen Erfahrungen führen sollen. Meist wurden die tantrischen Lehren geheim gehalten und nur von Guru zu Schüler weitergegeben. Auch bei einigen buddhistischen Schulen entwickelten sich solche tantrischen Traditionen.

Der Westen erfuhr vom Tantrismus durch Aleister Crowley, der eine Reihe sexueller Praktiken, von der rituellen Masturbation über homosexuelle und heterosexuelle Akte hin zu Bestialität, Sadismus und Masochismus, ausdrücklich zur Erlangung magischer Macht und Erfahrung einsetzte. Zu seinen sexualmagischen Lehren gelangte er sowohl aufgrund eigener Nachforschungen und Experimente als auch durch die Traditionen des *Ordo Templi Orientis,* einer magischen Bruderschaft, der er angehörte. 1906 in Deutschland von Theodor Reuß gegründet, war der auch als *O. T. O.* bekannte Orden eine okkulte Bruderschaft, die auf der Sexualmagie basierte.

Ausgehend von Crowley und seinen Schülern entwickelten sich mehrere Gruppen, die sich mit Sexualmagie beschäftigen:

1. Gruppen, die behaupten, die Traditionen des Ordo Templis Orientis fortzusetzen, von denen es in der ganzen Welt, vor allem in den USA, Skandinavien und Europa Ableger gibt;
2. Gruppen, die behaupten, die Thelema-Traditionen Aleister Crowleys fortzusetzen (Thelema = griechisch „der Wille": „Tu, was du willst ..."). Oft sind es die gleichen Gruppen wie unter 1. erwähnt;
3. einige Hexensekten, die sexuelle Techniken für magische Zwecke einsetzen;
4. tantrische Yoga-Gruppen, vor allem in den USA, die die aus Indien stammenden Lehren praktizieren;
5. die Gemeinschaft *Great Brotherhood of God* von Louis Culling in den USA;
6. einige Gruppen innerhalb der *Church of Satan* in den USA.

Mit dem heute ständig zunehmenden Interesse sowohl am Okkulten als auch an der Sexualität nimmt natürlich auch das Interesse an den sexualmagischen Traditionen zu.

DIE SEXUALMAGIE BASIERT auf einer Reihe von Prinzipien:

1. Der Mensch besitzt verborgene Kräfte (oft im Unbewußten lokalisiert), mit deren Hilfe er seine Wahrnehmung steigern, ekstatische Zustände hervorrufen, sein Bewußtsein vergrößern sowie seine körperlichen, emotionalen und geistigen Kräfte steigern kann.
2. Diese Kräfte sind unter einer Art „Barriere" vergraben, die nicht bewußt durchbrochen, jedoch durch eine Reihe von Techniken, bis zu einem gewissen Ausmaß auch durch Drogen und Alkohol, überwunden werden kann.
3. Diese „Barriere" kann überwunden werden, indem man den körperlichen, emotionalen und intellektuellen Fokus des Körpers durch sexuelle Stimulanz schärft, was am Punkt des Orgasmus, an dem Energie freigesetzt wird, zu einem „Durchbruch" führt.
4. Diese freigesetzte Energie kann für viele Zwecke eingesetzt werden – zur Erlangung eines ekstatischen Bewußtseinszustandes (ein Gefühl von Befreiung und Vereinigung, meist ein tantrisches Ziel) oder auch für magische Zwecke (zum Beispiel der Auferlegung eines Fluchs).
5. Die Energie kann ebenfalls bis zu einem gewissen Maß in diversen Objekten oder Substanzen festgehalten werden: beispielsweise in einem Talisman, der mit sexuellen Sekreten benetzt wird, oder in Objekten, die im Augenblick des Orgasmus mit dieser Energie „aufgeladen" werden; solche Objekte sind dann kraftvolle „Batterien".

AUSGEHEND VON DIESEN PRINZIPIEN werden diverse sexualmagische Techniken eingesetzt:

- *Autosexuelle:* Häufig dienten Masturbationstechniken dazu, das Bewußtsein des Magiers zu steigern, seine magischen Kräfte zu zentrieren und zu stimulieren, die in der Freisetzung von Energie während des Orgasmus kulminieren und im Sperma konzentriert sind. Diese Technik wurde vor allem von dem englischen Magier Austin Spare praktiziert, der ein Tongefäß als Masturbationshilfe einzusetzen pflegte, in dem er anschließend die derart gewonnene magische Energie konzentrierte und aufbewahrte.
- *Heterosexuelle:* Es gibt diverse sexualmagische Techniken, obgleich die zum Orgasmus führende heterosexuelle Stimulation nicht unbedingt im eigentlichen Geschlechtsverkehr münden muß; die sexuellen Sekrete beider Geschlechtspartner sind zu magischen Zwecken eingesetzt worden, und vieles aus

dem alchemistischen Symbolismus stammt aus der Vorstellung des Geschlechtsverkehrs zu magischen Zwecken.

- *Homosexuelle:* Mehrere magische Techniken haben homosexuelle – orale und anale – Beziehungen zur Grundlage. In manchen magischen Traditionen sind diese Beziehungen als „Umkehrung" der natürlichen sexuellen Ausdrucksform mit der Teufelsverehrung und der Schwarzen Magie in Bezug gebracht worden. Einige Magier, vor allem Crowley, aber angeblich auch die Tempelritter, haben homosexuelle Praktiken für okkulte Zwecke eingesetzt.

BEI DEN SEXUALMAGISCHEN TECHNIKEN gibt es eine Reihe von körperlichen und intellektuellen Prozeduren:

- die Stimulierung und Erregung des Körpers, der Gefühle und des Geistes durch alle möglichen Mittel, vorausgesetzt, daß eine bewußte Kontrolle aufrechterhalten wird; dies kann einen bedachten Einsatz von Drogen, Alkohol, Speisen, Musik und Bildern beinhalten;
- die Beibehaltung dieser Stimulierung und Erregung während einer Phase der Konzentration, in der das Individuum bis hin zu einem „fieberhaften Höhepunkt" von Energie und Erregung gelangt;
- die Konzentration des Bewußtseins und der gesamten Vorstellungskraft des Individuums auf das erwünschte Ziel des magischen Aktes. Wenn der Akt zum Beispiel die Erlangung körperlicher Gesundheit zum Ziel hat, sollte der Körper als gesund, kraftvoll und energiegeladen gesehen werden; dieses Bild muß während des gesamten Stimulationszeitraumes sorgfältig und genauestens zusammengestellt und aufrechterhalten werden, so daß es zum Zeitpunkt des Orgasmus am vollständigsten strukturiert und am greifbarsten ist. Wenn das Ziel die Weihung eines Talismans ist, sollte beim Orgasmus die gesamte erregte Energie auf den Talisman übergehen können;
- die Freisetzung der stimulierten Energie in einen vorher vorbereiteten und strukturierten Kanal, in dem sie je nach dem Willen des Magiers weitergelenkt werden kann, entweder in ein tatsächliches Objekt oder intellektuell auf ein bestimmtes Ziel hin;
- ein Zeitraum der Entspannung, in dem das gewünschte Ziel noch immer geistig festgehalten werden sollte, um das Bild zu festigen, und wo Körper, Gefühle und Geist sich entspannen und neu aufladen können.

INTERESSANTERWEISE verwenden einige moderne Psychologen und Sexualberater eben diese Techniken bei der Behandlung zahlreicher sexueller Probleme (zum Beispiel Fetischismus). Dem Patienten wird beigebracht, die sexuelle Energie allmählich zu einer Neuorientierung seiner Sexualität einzusetzen.

ALEISTER CROWLEY

Aleister Crowley, auch als „Laird of Boleskine", „Das Große Tier 666" oder der „böseste Mensch, der je gelebt hat", bekannt, ist eine der ungerechtfertigt angeschwärzten Gestalten in der Geschichte des Okkulten. Unbestritten hatte er in seiner Kindheit sadistische Neigungen und litt zweifellos unter Größenwahn, der sich etwa bei seinen Anstrengungen zeigte, sämtliche Rivalen im *Hermetischen Orden der Goldenen Dämmerung* zu überflügeln. Aber er war auch ein ziemlich stilvoller und origineller Magier, und einige seiner Konzepte könnten sich in der Geschichte der Psychologie noch als bedeutsam herausstellen. Bereits 1926 veröffentlichte er in Paris sein Werk *Magick*, in dem er unter anderem unbewußte Bilder des Geistes systematisch auflistete.
Von Anfang an war Crowleys Leben voller Gegensätze. Er wurde 1875 in Plymouth geboren und wuchs in einer streng-puritanischen Familie auf. Während seines Studiums in Cambridge ging er so unterschiedlichen Interessen wie Bergsteigen, Rudern und Schachspielen nach. Angeregt durch seine Freundschaft mit Allan Bennett vertiefte er sein Wissen in Magie und Mystik. In der Geschichte der modernen Magie sollte er zu einer der spektakulärsten Gestalten werden.
Von Mussolini wurde er aus Cefalu in Sizilien ausgewiesen, wo er eine Abtei zur Praktizierung ritueller Magie gegründet hatte. Seine Veröffentlichung von Geheimschriften des Hermetischen Ordens brachte ihm permanente Rechtsstreitigkeiten ein. Er war berühmt für sein ausschweifendes Sexualleben und war endgültig berüchtigt, nachdem er sich 1904 zum Antichrist ernannt hatte.
1898 hatte Crowley sich dem Hermetischen Orden der Goldenen Dämmerung angeschlossen und sich mit den magischen Künsten dieses Ordens vertraut gemacht. Er merkte jedoch schnell, daß die Magier in den höchsten Graden große spirituelle Autorität über die unter ihnen stehenden ausübten, indem sie behaupteten, mit den sogenannten „geheimen Oberen" (spirituellen Meistern aus höheren Seinsstufen) in Verbindung zu stehen. In *Magick* (Crowley schrieb es mit einem zusätzlichen „k") stellte er fest, jeder Mensch sei sich mehr oder weniger bewußt, daß seine Individualität mehrere Existenzstufen umfasse. Die Magie war für ihn ein Mittel, das Bewußtsein willentlich zu transformieren und eine Verbindung mit den höchsten spirituellen Kräften im Kosmos einzugehen.
Am 18. November 1898 trat Crowley als Neophyt in den Orden ein. Im Dezember wurde er zum Zelator, in den folgenden zwei Monaten zum Theoricus und Practicus. Er wollte unbedingt so schnell wie möglich die okkulten Grade des Lebensbaums durchlaufen. Als erster Magier wagte er sich an das ein halbes Jahr dauernde Abremalin-Ritual, das von MacGregor Mathers, dem Mitbegründer der

Goldenen Dämmerung, aus dem Französischen übersetzt worden war. Während dieser Zeit hatte Crowley Visionen von Christus und sah sich einmal in einer Schlüsselvision selbst gekreuzigt.
1904 passierte noch einiges, was Crowley zu der Annahme brachte, daß sein Genie und seine Rolle in der Welt von besonderer Bedeutung seien. Nachdem es ihm nicht gelungen war, W. B. Yeats als Oberhaupt des Golden Dawn zu verdrängen, begab sich Crowley, einem plötzlichen Impuls folgend, auf Reisen, die ihn nach Mexiko, die Vereinigten Staaten, Ceylon und Indien führten. Schließlich gelangte er nach Kairo, was sich als Meilenstein bei dem Aufbau eines neuen magischen Universums erweisen sollte.
Am 14. März 1904 vollzog Crowley in seinem Hotelzimmer in der Nähe des Moulak-Museums in Kairo eine magische Zeremonie, um den ägyptischen Gott Thot, den Gott der Weisheit, anzurufen. Seine Frau verfiel in eine traumartige Trance, und vier Tage später verkündete sie in einem ähnlichen Zustand, daß Horus auf ihren Mann „warte". Crowley hatte dies nicht erwartet und war sogar noch überraschter, als sie ihn in ein Museum führte, das sie bislang noch nicht besucht hatten. Dort deutete sie auf eine Statue des Horus in der Gestalt des Ra-Hoor-Khuit. Crowley war äußerst beeindruckt, daß das Ausstellungsobjekt die Zahl 666 trug, die Zahl des Großen Tieres aus der Offenbarung. Dies war für Crowley ein Omen; er kehrte in sein Hotelzimmer zurück, um dort ein Ritual für Horus zu vollziehen. Wieder fiel seine Frau in Trance und begann, eine Reihe von Feststellungen zu äußern, die sie von Aiwaz, einem Abgesandten der Gottheit, erhalten haben wollte.
In dieser Übermittlung, die Crowley später als *Buch der Ge-setze* veröffentlichte, wurde er unterwiesen, die zeremonielle Magie, die er im Hermetischen Orden der Goldenen Dämmerung gelernt hatte, fallenzulassen und sich statt dessen der Sexualmagie zuzuwenden. Zu diesem Zweck sollte er den Verbleib der Roten Hure aus Babylon herausfinden, die im Buch der Offenbarung erwähnt wird. Nun fühlte er sich bestätigt, tatsächlich der auf Jesus folgende Antichrist zu sein. Laut Aiwaz sollte er der Herrscher des Neuen Zeitalters sein.
Crowley war davon überzeugt, eine bedeutende kosmische Initiation erfahren zu haben, die eine neue Phase in der Entwicklung der Menschheit einleitete. Er wollte der Welt das Mysterium der sexuellen Vereinigung der großen ägyptischen Gottheiten Nuit und Hadit mitteilen, wobei er sich als Kind aus dieser Vereinigung sah. Ebenso fühlte er sich als Nachfolger von Osiris, Christus und Mohammed: „Mit meinem Falkenkopf (das heißt dem des Horus) picke ich Jesus die Augen aus ... Ich schlage mit meinen Flügeln Mohammed ins Gesicht."
Crowley sah sich durch diese Erleuchtung mit neuer Autorität ausgestattet. Er hatte die höchsten spirituellen Energien des Universums angezapft, und zwar ausge-

rechnet in Ägypten, der legendären Heimat der Magie! An Mathers schrieb er, daß dessen rituelle Formeln nun bedeutungslos geworden seien, und bemerkte auch, daß er keine Antwort darauf erwarte. Er erhielt auch niemals eine.

An Struktur und Autorität war ihm jedoch immer schon sehr gelegen, und so beschloß er, seinen eigenen okkulten Orden, *Argenteum Astrum* (Der Silberne Stern) zu gründen. Anfangs hatte er die gleiche Struktur wie die *Goldene Dämmerung*, doch nach Kontakten mit dem deutschen *Ordo Templi Orientis* nahm Crowley auch einige sexualmagische Riten auf.

Der *A. A.*, wie der Orden in esoterischen Zirkeln hieß, weihte um die 100 Menschen ein, unter ihnen auch Norman Mudd, Mathematikprofessor an Bloemfontain, Victor Neuburg, den „Dichtervater" von Dylan Thomas und Pamela Hansford-Johnson, sowie den visionären Künstler Austin Spare. Auf Crowleys Einfluß geht die Gründung von einigen sexualmagischen Gesellschaften in den USA zurück, so etwa der *Choronzon-Club* (nach dem Dämon des Chaos), der kalifornische Ableger des *O. T. O.* (dem auch Ron Hubbard, der Begründer der *Scientology*, angehörte), und eine Gruppe, die sich *Fellowship of Ma Ion* nannte, in der sich Gedankengut aus dem Katholizismus mit Crowleys Vorstellungen vermischte.

Aleister Crowley starb im Dezember 1947 in geistiger Umnachtung. Die Hure von Babylon zu finden war ihm zwar nicht gelungen, aber er hinterließ eine ungeheure Menge magischer Schriften, unter anderem Werke zum Tarot, zur Kabbala und zum I Ging sowie zu Yoga, den henochischen Rufen des Dr. Dee und zur symbolischen Bedeutung des Rituals. Noch heute ist sein Einfluß spürbar, und seine Werke werden nach wie vor unter der Schirmherrschaft von Leuten wie Israel Regardie, Francis King und John Symonds neu aufgelegt.

HYPNOTISMUS, AUTOSUGGESTION UND ENTSPANNUNG

Die Hypnose ist eine uralte Technik, um eine schlafähnliche Trance zu erzeugen. Im allgemeinen hängt es von den Fähigkeiten des Hypnotiseurs ab, seinen Patienten in einen entspannten geistigen Zustand zu versetzen, in dem er für seine Befehlen empfänglich wird. Meist gelingt es einem guten Hypnotiseur, in etwa zehn Minuten einen solchen Zustand hervorzurufen, in dem dann erstaunliche Effekte auftreten können.

Oft sind solche Hypnoseakte auf der Bühne vorgeführt worden und dienten der großen Erheiterung des Publikums. Es gibt aber auch einen ernsthafteren Aspekt, und zwar in der medizinischen Therapie. Dr. Harvey Doney vom Toronto Rehabilitation Centre setzte die Hypnose ein, um seinen Herzpatienten zu suggerieren, daß saubere, frische Luft durch ihre Lungen strömt und ihren Körper mit Sauerstoff und Energie erfüllt. Das EKG zeigte, daß diese Patienten nach einem halben Jahr so gesund waren wie eine andere Patientengruppe, die regelmäßig Krankengymnastik gemacht hatte.

Hypnose ist als Anästhesiemittel bei Operationen und von Zahnärzten eingesetzt worden. Auch schwierige Geburten können unter Hypnose schmerzfreier ablaufen, wie von Dr. George Newbold, einem britischen Gynäkologe, berichtet wird.

Als okkulte Technik hat der Hypnotismus nicht so viel Aufmerksamkeit erfahren, wie man vielleicht annehmen könnte. Vor allem wohl deshalb, weil er den „Patienten" in einen Zustand passiver Hilflosigkeit versetzt. Momentan sind Yoga oder auch die Meditation einfach attraktiver, weil sie betonen, daß man höhere Bewußtseinszustände aus *eigener* Kraft erreichen kann. Dies trifft auch für das Okkulte zu.

Doch die Technik der Autosuggestion, eine Art Selbsthypnose, spielt eine wichtige Rolle, sowohl als Entspannungsübung als auch zu Visualisierungszwecken (mehr davon an späterer Stelle). Wenn der Magier erst einmal einen Zustand der Entspannung erreicht hat, stellt er sich eine gewisse Situation vor, in die er eintreten möchte. Wenn er seine Persönlichkeit in einen intellektuell ausgewogenen Zustand bringen möchte, kann er sich vielleicht willentlich dazu bringen, die Gestalt Michaels, des Erzengels des Feuers (Intellekt), zu sehen und mit ihm zu sprechen. Er errichtet einen visuellen Eindruck und wendet sich in einer Art geistiger

Anrufung an Michael. Eigentlich bittet der Magier einen bestimmten Aspekt seines Geistes, eine visuelle Form anzunehmen. Er bringt bestimmte Fähigkeiten und Energien, die bislang in seinem Unbewußten lagen, in sein Bewußtsein.
Vielleicht hat der Magier – ebenfalls wieder im entspannten Zustand – den Wunsch, mit Hilfe der Autosuggestion auf den symbolischen Pfaden des Tarot (siehe Seite 38 ff.) zu reisen. Dann sagt er sich selbst, daß etwa das Bild des Sterns oder des Wagenlenkers sich ihm in all seinen Details immer realer zeigt. Er visualisiert das Umfeld in einer symbolischen Form, wie sie auf der Tarot-Karte dargestellt ist. Vielleicht stellt er dabei fest, daß sein Bewußtsein neue mystische Bereiche seines Geistes entdeckt, von deren Existenz er überhaupt nichts ahnte.
So setzt die Magie hypnotische Suggestion also nur als Hilfsmittel bei der Technik der Visualisierung ein. Hier hat der Meditierende selbst die Kontrolle, nicht eine andere Person. Dabei werden bestimmte visuelle Hilfsmittel wie etwa die Tarot-Karten oder bildliche Vorstellungen aus der Mythologie benutzt, und alles dient vor allem der Erlangung eines transzendenten Bewußtseins.

TRANCE

In der Magie wird davon ausgegangen, daß wir alle eine Reihe von Wahrnehmungsmöglichkeiten bzw. -körpern haben, nicht nur die, die wir im Alltag benutzen. Wenn man, durch welche Mittel auch immer, den physischen Körper in einen schlafähnlichen Zustand versetzt, öffnen sich andere Wahrnehmungsbereiche. Trance ist ein solches Mittel, mit dem der Körper inaktiviert wird, so daß das Bewußtsein frei ist, um sich auf eine mystische Reise zu begeben.

Die Trance spielte früher vor allem bei den Naturvölkern und ihren schamanistischen Religionen eine Rolle, aber auch in der modernen Magie wird sie eingesetzt. Zwei bemerkenswerte Trance-Okkultisten, Austin Spare und Victor Angel, haben beide aus dem Trancezustand Inspirationen für ihre Malerei gewonnen.

Die okkulte Technik, mit der man in den Trancezustand eintreten kann, ist eigentlich eine Erweiterung der Entspannungsübungen, mit denen der Körper stufenweise in Schlaf versetzt wird. Doch dabei muß unbedingt das volle Bewußtseinsspektrum beibehalten werden, auch wenn der körperliche Organismus nach und nach handlungsunfähig gemacht wird. Okkultisten, die die Lebensbaumsymbole in ihrer Meditation verwenden, stellen sich vor, daß der Baum des Lebens in ihnen wächst. Er repräsentiert die göttlichen Energien, die in uns allen wohnen. Aus diesem Grund steht der Baum auch mit den Chakren, den Energiezentren der Yoga-Lehre, in Verbindung. Der Okkultist versucht, seine Chakren zu aktivieren, um seine Vorstellungskraft zu vergrößern, während sein Körper gleichzeitig in eine tiefe Entspannung versinkt.

- Zuerst kommt die Phase der Aktivierung. Der Magier stellt sich vor, wie weißes Licht über seinen Kopf in ihn eintritt, und intoniert dabei das kabbalistische Mantra Eee-Hee-Yeh.
- Das Licht geht nun weiter in den Hals; dabei stellt man sich ein rötlich-violettes Licht vor, und das Mantra lautet nun Je-Ho-Vaa-El-Oh-Him …
- Weiter hinab wird der Bereich des Herzens und des Solar-Plexus erreicht. Das Licht ist nun goldgelb, das Mantra lautet Je-Ho-Vaa, Al-Oaa, Vaaa Daath …
- Nun geht es hinab in den Bereich der Genitalien; das Licht verändert sich von Gelb hin zu einem tiefen Dunkelviolett: Scha-Dai-El-Haiii …
- Schließlich erreicht das Licht die Füße und die Farben der Erde; Rostbraun, Zitronengelb, Schwarz und Olivgrün werden visualisiert. Das letzte Mantra lautet Aaa-Doh-Naii, Haaa, Aaa-retz …

ALLE DIESE MANTRAS sind Namen Gottes in der Kabbala und werden benutzt, weil sie den Geist beflügeln und vibrieren lassen. Damit ist das erste Stadium der Aktivierung beendet.

Nun stellt sich der Magier weißes Licht vor, das an seiner linken Körperhälfte hinabströmt, unter seinen Füßen hindurch und an der rechten Körperhälfte wieder hinauf bis zu seinem Scheitel. Dann stellt er sich einen ähnlichen Strom von Lichtenergie vor, der von seinem Kopf hinab über die Nase zur Brust und den Beinen fließt, wieder unter den Füßen hindurch und an der Rückseite der Beine bis zum Kopf hinauf steigt. So hat er in seiner Vorstellung seinen Körper, der entweder flach auf dem Boden liegt oder in einer Meditationsstellung sitzt, mit Licht umgeben. Sein Atem geht tief und regelmäßig. Er stellt sich vor, daß die Lichtgrenzen einen durchsichtigen Behälter formen, der sein eigentliches „Bewußtsein“ ist.

In der zweiten entscheidenden Phase wird das Bewußtsein aus dem Körper hinaustransferiert. Der Meditierende stellt sich nun vor, daß sein Behälter sich mit einer Art Flüssigkeit füllt. Der restliche Platz in diesem Behälter, sozusagen die „Luft“, stellt den Raum dar, den sein Bewußtsein einnimmt. Während die Flüssigkeit langsam ansteigt, entspannt sich der Körper und schläft ein.

Zuerst füllen sich die Beine, und man spürt seinen Körper erst oberhalb der Knie. Dann steigt der Spiegel, und das Bewußtsein erstreckt sich nur noch auf den Bereich oberhalb der Brust. Bald ist nur noch der Kopf bewußt spürbar, der übrige Körper ist in Trance gefallen und völlig bewegungslos.

In diesem letzten Stadium, wenn das Bewußtsein den Körper verläßt, kommt es zum Akt der Astralprojektion. Wie anfangs erwähnt, glauben die Okkultisten, daß der „innere“ Körper erweckt wird, wenn der äußere, physische Körper inaktiviert ist. Sämtliche Wahrnehmungsprozesse werden nun in einen Bereich des Geistes verlagert, der normalerweise unbewußt ist. Es ist, als wäre die Wahrnehmung auf einen lebhaften Traum gelenkt. Der in der Trance Befindliche ist nicht mehr an seinen Körper gebunden und kann willentlich auf Reisen gehen. Manchmal tauchen auch Phantasieelemente aus dem Unbewußten auf, die ebenso real erscheinen wie Elemente aus der normalen Erlebniswelt.

Der Körper befindet sich weiterhin in Trance. Manche Astralreisenden behaupten, daß sie eine Silberschnur sehen, die den normalen mit dem Astralkörper verbindet. Laut Dr. Celia Green, einer bekannten Forscherin auf dem Gebiet der außerkörperlichen Erfahrungen, ist dies jedoch nicht immer der Fall.

Magier, die kabbalistische Mantras benutzen, stellen meist fest, daß bereits dieser Akt an sich eine Art Befehl für das Unbewußte sein kann, bestimmte Visionen auftauchen zu lassen. In diesem Stadium kann sich der Ausübende jeden Ort vorstellen, den er willentlich besuchen kann. Eben diese kreative Vorstellungskraft will die Magie ansprechen.

Wenn der Okkultist Tarot-Karten als seinen Pfad benutzt, wird er sich vorstellen, das junge Mädchen aus der 22. Tarot-Karte, „Die Welt", zu treffen. Dann kann er auf den Pfaden, die die anderen Karten repräsentieren, weiterreisen, bis er immer tiefer in die spirituellen Bereiche seines Geistes eindringt.

Wenn man von dieser Reise wieder in seinen Körper zurückkehren möchte, muß man schrittweise den gleichen Weg zurückgehen, bis man schließlich wieder aus der Trance erwacht. Diesen kontrollierten Akt der Astralprojektion haben einige Autoren mit dem Akt des Sterbens verglichen.

AUSSERKÖRPERLICHES BEWUSSTSEIN

In den letzten Jahren hat das Phänomen, das ursprünglich auch als *Astralprojektion* bekannt war, in parapsychologischen Kreisen immer mehr Beachtung gefunden. In den siebziger Jahren ist es von Forschern wie Professor Charles Tart von der UCLA sowie von Davis und Dr. Celia Green, der Leiterin des Instituts für psychologische Forschungen in Oxford, eingehend untersucht worden.

Bei außerkörperlichen Erfahrungen hat man den Eindruck, seine Umgebung aus einer vom eigenen Körper entfernten Position heraus zu beobachten. So kam es einem von Celia Green untersuchten jungen Mann vor, als schwebte er plötzlich hoch am Himmel, während er eigentlich mit ziemlichem Tempo auf seinem Motorrad durch die Gegend raste. Üblicherweise ist der Körper jedoch eher passiv.

Meist kommt es zu solchen Erfahrungen, wenn das Bewußtsein getrübt ist, man krank oder der Körper völlig entspannt ist. Mit dem EEC kann festgestellt werden, daß diese Erfahrungen Ähnlichkeiten mit Traumzuständen haben, doch es gibt einen wichtigen Unterschied: Hier scheint der Wille noch maßgebend zu sein, während in einem Traum zufällige Bilder auftauchen, und die Wahrnehmung scheint ebenso klar zu sein wie im Wachzustand.

Ernest de Martino, ein italienischer Ethnologe, ist der Auffassung, daß außerkörperliche Erfahrungen in Mythen und Legenden der Naturvölker als „Wanderung der Seele" beschrieben werden. Der weltweite Glaube an ein Leben nach dem Tod könnte eine Art kollektiver Erinnerung an dieses Phänomen sein. Im Westen sind Astralreisen erst in diesem Jahrhundert eingehender dokumentiert worden, obgleich in der klassischen Literatur mehrere Hinweise darauf zu finden sind.

Die drei bekanntesten modernen Pioniere auf dem Gebiet der Astralreisen sind Sylvan Muldoon, Oliver Fox (unter dem Pseudonym Hugh Callaway) und Robert A. Monroe.

Sylvan Muldoon stammt aus einer spiritistisch interessierten Familie und hatte im Alter von zwölf Jahren auf einem Spiritistentreffen in Clinton/Iowa seine erste außerkörperliche Erfahrung. Er hatte das Gefühl, in einen „stillen, dunklen, gefüllosen" Zustand gefallen zu sein. Er stellte plötzlich fest, daß er einen Teil seines Selbst außerhalb seines Körpers projizieren konnte: „Ich schaffte es, mich umzudrehen … und da stand ich plötzlich in doppelter Ausführung …!"

Muldoon beschreibt auch die „Silberschnur", das elastische Band, das den Astralkörper mit dem physischen Körper verbinden soll. Als Muldoon „in der Luft spazierenging", erhielt dieses Band eine Verbindung zwischen seinem Astralbewußtsein und seinem passiven Körper aufrecht, während seine Wahrnehmung eigene Wege ging. Muldoon glaubte, daß der Astralleib in gewissem Sinn realer sei als der physische Körper, ja das eigentlich „Lebenselement" darstelle. Beim Tod würde der Astralleib das Band zum physischen Körper durchtrennen und nicht mehr zurückkehren.

Sylvan Muldoon beschrieb seine diesbezüglichen Erfahrungen in seinem bekannten Werk *Die Aussendung des Astralkörpers* (1929). Er beschreibt auch die Mittel, mit denen dieser Bewußtseinszustand erreicht werden kann. Dr. Tart vorwegnehmend, entwickelte er eine Technik der Traumkontrolle, in der man versuchen soll, willentlich eine Abfolge von Ereignissen zu träumen, bei denen sich dann der Astralleib von seinem körperlichen Gegenstück trennen würde. So schlug er etwa vor, sich vorzustellen, mit einem Lift nach oben zu fahren und dann im obersten Stockwerk auszusteigen.

Muldoon stellte auch einen weiteren wichtigen Aspekt dieser Erfahrungen heraus. Meist ist die Umgebung, die man in einer Astralreise wahrnimmt, genau die gleiche wie in Wirklichkeit. Manchmal hat man das Gefühl, einen Freund oder Verwandten besucht und dort die entsprechende Situation beobachtet zu haben, die sich dann bei einer späteren Nachfrage als akkurat beobachtet herausstellt. Doch in der zweiten bedeutenden Kategorie von außerkörperlichen Erfahrungen spielen auch Phantasieelemente aus dem Unterbewußten eine Rolle. Diese zeigen sich in den Berichten von Oliver Fox und Robert Monroe.

Oliver Fox berichtete erstmals 1920 in der Zeitschrift *Occult Review* von seinen außerkörperlichen Erfahrungen. Wie Muldoon wies auch er auf die Bedeutung der Traumkontrolle hin. Fox glaubte, zu solchen Erfahrungen komme es bei einem „Traum des Wissens", bei dem man sich bewußt sei zu träumen, und dann innerhalb dieses Rahmens handeln könne. (Celia Grenn bezeichnete diese Art von Traum als „durchsichtig".) Der Träumende könne nun in bis dahin unbewußte Bereiche eintreten. Fox beobachtete bei seinen Astralreisen oft Leute, die von einer lebhaften Aura strahlenden Lichts umgeben waren.

Anfangs dachte Fox, so ein „Traum des Wissens" sei das einzige Mittel, einen außerkörperlichen Zustand zu erreichen. Später wurde ihm klar, daß eine Entspannung des Körpers zu ähnlichen Ergebnissen führen kann. Bei der Entspannung kam es durch autohypnotische Suggestion zu einer Art Taubheitsgefühl, und danach war ihm, als entwiche er durch eine Falltür im Gehirn. Fox nannte diese Methode die „Zirbel-Tür-Methode". Einmal war ihm, als fiele er durch einen langen Schacht. Auch Celia Green stellte fest, daß der Tunnel eine häufig auftauchende Vorstellung bei außerkörperlichen Erfahrungen ist. Fox wurde von einem Gefühl der Dunkelheit und Stille befallen und bemerkte dann, daß er nackt war und zu bluten schien. Es war ihm, als läge er im Sterben. Dann, als wäre er plötzlich in den Bereich der griechischen Mythologie eingedrungen, hörte er eine Stimme sagen: „Du bist also Theseus. Ich bin Oliver Fox."

Merkwürdige mythologische Begegnungen und Visionen werden häufig von solchen Reisen berichtet. Dadurch gewinnt die Auffassung im Tibetischen Totenbuch einiges an Glaubwürdigkeit. Danach verläßt das Bewußtsein beim Tod den Köprer und hat Visionen von Himmel und Hölle hat, die in Wirklichkeit Zustände von Harmonie und Chaos im Geist sind.

Robert Monroes Berichte in seinem Werk *Reisen außerhalb des Körpers* hat erneutes Interesse an diesen Projektionsphänomenen hervorgerufen. Monroe hat Charles Tart an der UCLA bei parapsychologischen Experimenten zur Seite gestanden.

Monroes Erfahrungen begannen im Frühjahr 1958. In einem entspannten Zustand beobachtete er die gleiche Taubheit, die Fox beschrieben hatte; ihm kam es jedoch eher vor, als hätte er einen Schwächeanfall. Dabei hatte er das merkwürdige Gefühl, seinen Körper über seine normalen Begrenzungen hinaus ausdehnen zu können, als wäre er aus Gummi. Er konnte Dinge ertasten, die außerhalb seiner Reichweite lagen. Eine weitere Merkwürdigkeit: Seine Finger spürten Dinge nicht wie üblich, sondern drangen durch feste Objekte hindurch. Einmal sah er einen Bekannten ein ihm unbekanntes mechanisches Gerät in den Kofferraum seines Wagens verstauen, was sich bei seiner späteren Nachfrage als ein Van-de-Graaf-Generator herausstellte. Doch wie Fox betrat auch Monroe seltsame innere Schauplätze, die er Platz zwei und Platz drei nannte, während er mit Platz eins die alltäglichen Vorstellungen bezeichnete. In diesen Orten schien die Zeit verzerrt zu sein, es zeigten sich höllenähnliche Szenen und einmal auch eine symbolische Gegend, die der auf der Tarot-Karte „Das Gericht" abgebildeten ähnelte.

Folgende Eigenschaften liegen der außerkörperlichen Erfahrung zugrunde:

1. Der bewußte Teil (Geist, oder auch Seele) scheint den Körper zu verlassen; der Körper selbst bleibt offensichtlich bewegungslos wie im Tiefschlaf oder in Trance zurück.
2. Manchmal scheint man einen zweiten Körper zu haben, der mit dem ersten durch eine Silberschnur verbunden ist.
3. Im Astralzustand kann man durch feste Begrenzungen hindurchreisen und auch erhebliche Entfernungen mit der „Geschwindigkeit eines Gedankens" zurücklegen. Der *Wille* ist von großer Bedeutung, denn durch ihn wird die Form festgelegt, die die Erfahrung annimmt, oder der Ort, den man besuchen möchte.
4. Astralreisen können real vorhandene Orte betreffen, aber auch in der Phantasie existierende Umgebungen wie Himmel oder Hölle oder auch offensichtlich aus der Mythologie stammende Episoden. Sie zeigen sich dem Beobachter jedoch ebenso real wie die Wirklichkeit im bewußten Wachzustand.

DROGEN UND MYSTISCHES BEWUSSTSEIN

Im Westen sind psychedelische Drogen ziemlich umstritten, da sie bei unkontrolliertem Gebrauch durchaus Gefahren bergen. Doch bei vielen Naturvölkern wurden sie als Sakramente eingesetzt, um einen Zugang zu magischen Bereichen zu ermöglichen. Ethnologischen Schilderungen zufolge fühlt der Schamane unter dem Einfluß von bewußtseinsverändernden Drogen, daß seine Welt heilig geworden und von ehrfurchtgebietenden Wesen bevölkert ist. Seine Seele schießt aus seinem Körper heraus, und er tritt mit Ahnen aus grauer Vorzeit in Verbindung. In diesem Zustand kann er auch andere Menschen als Ansammlung „leuchtender Fasern" sehen, wie der Yaqui-Schamane Don Juan Carlos Castaneda berichtet hat. Halluzinogene verändern das Bewußtsein, und dieser veränderte Bewußtseinszustand wird in schamanistischen Gesellschaften oft zu positiven Zwecken eingesetzt, etwa um zu heilen (siehe nachfolgendes Kapitel). In der modernen westlichen Welt wird erwägt, solche Drogen in der Medizin etwa zur Schmerzlinderung bei Krebserkrankungen im Endstadium einzusetzen. Psychedelika wie LSD, DMT, Meskalin und Marihuana haben in Amerika, Großbritannien und anderen westlichen Ländern eine sehr bewegte Geschichte.

Einer der bekanntesten modernen „Drogenforscher" war der britische Romanschriftsteller *Aldous Huxley*, der später von Timothy Leary als „Vater der psychedelischen Revolution" gefeiert wurde. Vor Huxley gab es natürlich auch andere berühmte Drogenkonsumenten in der literarischen Szene, wie Thomas de Quincey, Theophilus Gautier und Charles Baudelaire, doch Huxley ging das Thema unter einem anderen Gesichtspunkt an. Er bat Dr. Humphrey Osmond, eine Meskalinsitzung medizinisch zu überwachen. Die verwendeten Mengen und die aufgetretenen Effekte wurden sorgfältig festgehalten. Für Huxley war der Meskalintrip eine mystische Offenbarung. Vor seinen Augen lief eine Unmenge kaleidoskopischer Vorstellungen ab: „Mosaike leuchteten von innen heraus auf, schimmernd, sich bewegend und verändernd ..." Später in seinem Leben begann Huxley, sich für den Zusammenhang zwischen der Drogenerfahrung und dem Prozeß des Sterbens zu interessieren. Vor allem das *Tibetische Totenbuch* hatte es ihm angetan, in dem die veränderten Bewußtseinszustände nach dem Tod mit Hilfe der „Traum-Erfahrungen" beschrieben werden. Huxley war ein Mahayana-Buddhist, er akzeptierte die buddhistische Anschauung. Danach gäbe es eine Kunst des Sterbens, bei der die spirituellen Aspekte des Geistes schließlich über die dämonischen siegen und dadurch eine Befreiung ermöglichen würden. Auf seinem Sterbebett gab ihm seine Frau eine Dosis LSD, damit er auf einer Welle der transzendentalen Erfahrung aus seinem Leben hinausgleiten könne.

Die Pioniere der psychedelischen Revolution in den Sechzigern betrachteten Huxley voller Ehrfurcht. *Timothy Leary, Ralph Metzner* und *Richard Alpert,* das Triumvirat von Harvard-Absolventen, die die Beziehung zwischen Drogen und Erleuchtung erforschen wollten, gingen ebenfalls eine Beziehung zu hinduistischen und buddhistischen Vorstellungen ein. Leary selbst erlebte eine tiefe „religiöse" Erfahrung, als er im August 1960 in Cuernavaca sieben „heilige Pilze" zu sich nahm. Er konnte das Universum in einer atomischen und einer subatomischen Ebene wahrnehmen, ein neuer, pantheistischer Horizont tat sich ihm auf. Die begrenzte Vorstellungswelt lag weit hinter ihm.

Leary begann, Kollegen aus seinen akademischen Kreisen um sich zu versammeln, die an der Erforschung des Innenraums interessiert waren. Er untersuchte im Herbst 1960 in seiner Freizeit überwiegend die halluzinogenen Eigenschaften der psychotropen Pilze.

Mit Metzner, einem seiner besten Studenten, studierte er den Effekt von Psilocybin auf Gefängnisinsassen. Er stellte fest, daß das Gefühl einer Einheit unter ihnen gefördert wurde, allerdings nur für kurze Zeit. Inzwischen hatte Leary durch *Michael Hollingshead,* einen exzentrischen englischen Schriftsteller und Yoga-Schüler, auch von LSD erfahren. Anfangs zögerte Leary, LSD einzusetzen, denn er hielt diese Droge für künstlich im Gegensatz zu den natürlichen gewachsenen Pilzen. Doch Hollingshead beharrte darauf, daß LSD mystische Effekte hervorrufen könne. Schließlich stellte Leary bei einem Selbstversuch die gleichen primären Energieprozesse fest wie bei seinen Experimenten mit den Pilzen, aber zusätzlich stellte sich noch ein Gefühl von Wiedergeburt und „Ego-Auflösung" ein.

Leary erforschte auch andere Halluzinogene hinsichtlich ihrer Möglichkeiten als Zugang zu diesen Bewußtseinszuständen. Er nahm DMT zusammen mit Richard Alpert und diskutierte die Ergebnisse mit dem Theologen Allan Watts und mit William Burroughs.

Inzwischen schlug *Walter Pahnke,* ein weiterer Student Timothy Learys, ein Experiment vor, das als psychedelischer Testfall berühmt werden sollte. Er wollte die Drogenerfahrung mit einer Reihe von Attributen vergleichen, die der Gelehrte W. T. Stace als Charakteristika für eine mystische Erleuchtung aufgestellt hatte:

- ein Gefühl des Einsseins mit der Welt und mit sich selbst
- Gefühle von Freude und Frieden
- Transzendenz von Zeit und Raum

- ein Gefühl von Ehrfurcht
- das intrinsische Gefühl von Autorität innerhalb der Erleuchtung
- eine Überwindung von Gegensätzen
- die Unfähigkeit, diese Gefühle adäquat mit Worten zu beschreiben
- Vergänglichkeit
- Erleuchtung als „Gipfel der Erfahrung"
- bleibende Veränderungen im Temperament und der Persönlichkeit

PAHNKE versammelte 20 Theologiestudenten in einer privaten Kapelle. Zehn von ihnen verabreichte man Psilocybin, der aus den psychotropen Pilzen gewonnene aktive Wirkstoff, den anderen Zehn Nikotinsäure: ein Vitamin, das „vorübergehende Gefühle von Wärme und Kitzeln auf der Haut" verursacht. Die Teilnehmer lauschten einem zweieinhalbstündigen Gottesdienst, der aus Orgelmusik, vier Solos, Lesungen, Gebeten und persönlicher Meditation bestand. Mehrere Wochen vor dem Experiment versuchte man, bei den Teilnehmern die Angst zu reduzieren und eine positive Erwartungshaltung zu fördern; die Teilnehmer wußten während der Sitzung nicht, welche Substanz sie eingenommen hatten.
Nach dem Experiment sammelte Pahnke ein halbes Jahr lang Daten, und jede Versuchsperson verfaßte einen Bericht über ihre persönlichen Erfahrung. Von den Teilnehmern, die Psilocybin genommen hatten, erlebten:

- 84 Prozent hatten ein Gefühl der Transzendenz von Zeit und Raum.
- 79 Prozent spürten ihre Vergänglichkeit.
- 70 Prozent ein Gefühl der inneren Einheit.
- 66 Prozent die Unfähigkeit, ihre Ehrfurcht adäquat in Worte zu fassen.
- 63 Prozent Gefühle von Autorität und Objektivität.
- 61 Prozent spürten die Überwindung des Paradoxen.
- 57 Prozent ein Gefühl von Liebe und Freude.
- 53 Prozent ein Gefühl der Ehrfurcht.
- 50 Prozent stellten eine Veränderung ihrer psychischen Einstellung fest.
- 30 Prozent ein Gefühl der äußeren und inneren Einheit.

DIE KONTROLLGRUPPE hatte größtenteils erheblich weniger intensive religiöse Erfahrungen. Das am häufigsten festgestellte Gefühl war

- 33 Prozent: Liebe
- 28 Prozent: Ehrfurcht
- 23 Prozent: Freude
- 18 Prozent: Objektivität und Realität
- 18 Prozent: Unbeschreiblichkeit
- 13 Prozent: das Paradoxe

- 8 Prozent: Vergänglichkeit
- 8 Prozent: festgestellte psychische Veränderung
- 7 Prozent: Einheit
- 6 Prozent: Zeit und Raum

PAHNKES EXPERIMENT zeigt demzufolge, daß Halluzinogene das intensivieren können, was normalerweise nur eine schwache religiöse Erfahrung ist. Natürlich behauptet Pahnke nicht, daß alle Menschen, die psychedelische Drogen nehmen, notwendigerweise mystische oder religiöse Erfahrungen haben, denn dies ist bei weitem nicht der Fall. Angemessene Zielvorstellungen der Testpersonen und die Umgebung sind allerdings für die Versuche äußerst wichtig.

Inzwischen wird durchaus zugegeben, daß Halluzinogene mystische Erfahrungen erzeugen *können.* Unter den meisten Anhängern östlicher Religionen oder Yoga-Praktizierenden herrscht jedoch die Ansicht, daß es besser ist, solche Effekte ohne Drogen zu erzielen. Die Einstellung, „künstliche" Mittel zur Erlangung der Erleuchtung abzulehnen, ist zwar positiv zu sehen, es gibt jedoch auch gewisse biologische Einwände dagegen.

So hat zum Beispiel LSD-25, das stärkste Halluzinogen, eine ähnliche Struktur wie das Serotonin, das in der Zirbeldrüse im Gehirn gespeichert wird. Im wesentlichen will die transzendente Mystik die Chakren, die Energiezentren des Nervensystems, aktivieren und dabei das „dritte Auge" (im Bereich der Zirbeldrüse) öffnen. Während mit Hilfe der künstlichen Drogen die Wirkung von Serotonin im Gehirn verstärkt wird, verändern bestimmte Atemübungen, wie sie etwa im Yoga praktiziert werden, die Menge des Sauerstoffs im Blut. Wie beim LSD hat dies eine biochemische Auswirkung im Gehirn zur Folge und führt zu ähnlichen visionären Effekten. Auch das Fasten oder sinnliche Einschränkungen (etwa, wenn der Meditierende sich in ein Kontemplationsbild vertieft und alle anderen Sinnesempfindungen dadurch ausschalten will) sind Mittel, halluzinatorische Effekte zu fördern.

Kurzum, psychedelische Drogen sind zwar künstlich hergestellt, können jedoch auch als biochemische Agenten im Gehirn betrachtet werden. Sie führen zu ähnlichen Ergebnissen wie die „natürlichen" Methoden. Das wichtigste Argument gegen Drogen vom mystischen Standpunkt aus gesehen (abgesehen von Argumenten gegen die suchterzeugenden Eigenschaften von Drogen wie Heroin oder Opium, auf die hier nicht eingegangen werden kann) lautet wohl, daß ihre Effekte nur von relativ kurzer Dauer sind. Natürliche Techniken der Bewußtseinsveränderung und -erweiterung führen wahrscheinlich zu länger anhaltenden Halluzinationseffekten.

SCHAMANISTISCHE MAGIE

Der Schamanismus ist die Magie der Ekstase. Der Schamane tritt aus seinem Körper aus und erhebt sich in große Höhen mystischer Erleuchtung. Der bekannte vergleichende Religionswissenschaftler Mircea Eliade bezeichnete den Schamanen als „Techniker des Heiligen“: Er ist in der Lage, willentlich von einer Existenzebene in eine andere zu reisen.

Rein ethnologisch gesehen ist der Schamanismus heute noch am ausgeprägtesten in Sibirien sowie in Süd- und Mittelamerika bei den indianischen Ureinwohnern. Meist ist der Schamane ein Magier oder Medizinmann, der behauptet, mit den in seinem Volk heilig angesehenen Gottheiten und Geistern in Verbindung zu stehen. In seiner Welt gibt es ehrfurchtsgebietende und oft erschreckende übernatürliche Wesen, deren geheimnisvolle Botschaften der Schamane erfahren will. Diese Wesen erwarten von ihm einen tiefen Respekt vor den „heiligen Dingen“, enthüllen ihm jedoch auch bei Heilzeremonien wirksame Medizin. Oft benutzen Schamanen in ihrer Religion heilige Halluzinogene wie Datura, Psilocybin oder Peyote. In ihrem veränderten Bewußtseinszustand behaupten sie, die vitalen Prozesse oder den Energiekörper der zu behandelnden Person wahrzunehmen. Manchmal sagt der Magier, der Körper werde für ihn durchsichtig und er könne in ihn hineinsehen. Wenn die Krankheit im Körper des Leidenden durch Zauber, beispielsweise durch ein verhextes Objekt – einen Stein oder einen Pfeil – verursacht wurde, obliegt es dem Schamanen, dieses Objekt zu entdecken und zu entfernen; wenn der Patient seine Seele verloren hat, muß der Schamane ihr folgen und sie zurück in Sicherheit bringen.

Doch am eindrucksvollsten ist wohl der ekstatische Flug des Schamanen in die Welt der Mythologie seines Stammes. Er wird – etwa durch ein geflügeltes Pferd oder durch einen Adler – in die Lüfte gehoben und reist in das Land seiner Vorfahren, die hoch im Universum residieren. Für ihn sind seine Götter Wesen, die er besuchen und mit denen er sich unterhalten kann. Sie verleihen ihm seine übernatürlichen Kräfte.

In den bemerkenswerten Erzählungen von *Carlos Castaneda* finden sich wohl die besten zeitgenössischen Berichte aus der Welt der Schamanen. Castaneda bemühte sich zehn Jahre lang, die magischen Konzepte des mexikanischen Schamanen *Don Juan Matus* zu begreifen, den er ursprünglich bei einer ethnologischen Feldstudie in Arizona kennengelernt hatte. Don Juan setzte eine Reihe von Halluzinogenen ein, um seine übernatürlichen Verbündeten zu treffen. Ein solcher Geisthelfer hat die Macht, einen Mann hinter die Begrenzungen seines Selbst zu tragen. Don Juan hielt besonders viel von Peyote und dem dieser Pflanze zugeordneten Gott Mescalito, dessen Gestalt Castaneda sehr detailliert beschreibt.

Auf den ersten Blick scheint die Welt des Schamanen wenig mit dem Okkulten und der modernen Magie zu tun zu haben, doch dem ist nicht so. Interessanterweise beziehen sich die sibirischen Schamanen auf einen kosmischen Baum, in dem alle Gottheiten leben – er erinnert stark an den kabbalistischen Baum des Lebens. Genauso wie der Schamane nach oben reist, um seine Götter zu treffen, so vollzieht auch der Okkultist Rituale und meditative Tranceübungen, die ihm helfen, im inneren Raum emporzuklimmen.

Im *Hermetischen Orden der Goldenen Dämmerung* bestand die praktische magische Arbeit überwiegend aus Ritualen, bei denen die Mitglieder sich wie Götter – vor allem aus dem alten Ägypten – kleideten und benahmen, um so von ihnen inspiriert zu werden. Aber es gab auch eine schamanistische Art von Magie, bei der man wie bei den Naturvölkern den Körper in Trance zurückließ und die Geister und Gottheiten des Lebensbaums traf.

Eine der eindrucksvollsten modernen „Astralreisen" ist *Aleister Crowleys* Vision von Jupiter:

„Ich nahm wahr, daß um mich herum andere Sonnen aufstiegen, eine im Norden, eine im Süden, eine im Westen. Die Sonne im Norden war wie ein großer Bulle, der Blut und Flammen aus seinen Nüstern stieß; die Sonne im Süden war wie ein Adler, der an den Eingeweiden eines nubischen Sklaven zerrte; die Sonne im Westen war wie ein Mann, der einen Ozean verschluckte.

Und während ich diese Sonnen um mich herum aufsteigen sah, war direkt unter mir, ohne daß ich es wußte, eine fünfte Sonne im Aufsteigen begriffen. Diese war wie ein riesiges, sich drehendes Lichterrad. Als ich das Wunder, das unter meinen Füßen brannte, anstarrte, wurde ich Teil dieses Glanzes. Ich selbst begann in einem goldenen Licht zu erstrahlen, gewaltige Flammenflügel senkten sich auf mich herab. Als sie mich umfingen, nahm ich eine riesige Gestalt an.

Dann erhob sich die Sonne, auf der *ich* stand, über die vier anderen Sonnen, und plötzlich stand ich vor einem uralten Mann mit einem schneeweißen Bart, dessen Gesicht Wohlwollen ausstrahlte. Und während ich ihn anblickte, überfiel mich ein übermächtiges Verlangen, eine Hand auszustrecken und seinen Bart zu berühren. Als dieser Wunsch immer stärker wurde, sagte eine Stimme zu mir: ‚Berühre ihn, es sei dir gewährt ...'

Ich wäre noch länger geblieben, wurde jedoch entlassen, denn die vier anderen Sonnen standen nun auf gleicher Höhe mit meiner. Als ich dies bemerkte, breitete ich meine Flügel aus und flog hinab, durch unzählige Silberschichten hindurch. Und dann öffnete ich die Augen, und um mich herum war dichter Nebel. So kehrte ich in meinen Körper zurück ..."

Sowohl der Schamane als auch der Magier behaupten, im Trancezustand durch eine derartige Begegnung mit den Göttern in ihrem Inneren de facto sich selbst zu entdecken. Wir alle haben ein immenses kosmisches Potential, das größtenteils nicht genutzt ist. Der Schamanismus bietet eine Technik an, dieses heilige innere Wissen zu entdecken, wodurch die Götter zu neuem Leben erweckt werden.

GEISTER UND GESPENSTER

Schon immer fürchteten sich die Menschen vor dem Unbekannten, vor allem wenn es mit dem Tod zu tun hatte. In jeder Kultur sind Vermutungen zu dem Schicksal der Verstorbenen angestellt worden. In den meisten Kulturen wurde angenommen, daß möglicherweise manche, wenn nicht sogar alle Toten in einer vom Körper losgelösten Gestalt zurückkehren, um die Lebenden zu verfolgen. Da allgemein angenommen wurde, daß die Toten gefährlich seien, wurden gegen ihre Rückkehr Vorkehrungen getroffen – Bestattungsrituale, um die Geister zu vertreiben, oder Geschenke, um sie gnädig zu stimmen, sowie Gräber, um die Geister festzusetzen – alles gehörte zu den Schutzvorkehrungen gegen die wandernden Toten. Da man glaubte, die ruhelosen Toten würden entweder die lebenden Verwandten oder sonstige Menschen und Plätze heimsuchen, die ihnen zu Lebzeiten wichtig gewesen waren, mußten alle besonders vorsichtig sein – auch wenn sie in ein Haus zogen, in dem jemand gestorben war. In manchen Gesellschaften war es sogar verboten, den Namen eines Verstorbenen zu erwähnen (was sich noch heute in dem Verbot, Toten etwas Schlechtes nachzusagen, wiederspiegelt), und manchmal zog man sogar um, um die Rückkehr des Toten zu vermeiden.

Im allgemeinen kann das, was landläufig als Geister bekannt ist, in mehrere Kategorien unterteilt werden:

1. *Einflüsse* – ein vages, jedoch unangenehmes Gefühl, das manchen Plätzen (oder auch Dingen) anhaftet, sich jedoch nicht weiter manifestiert.
2. *Poltergeister* – die lärmenden Geister, die in ihren destruktiven Energieausbrüchen physische Manifestationen diverser Natur produzieren, meist die Zerstörung von Haushaltsgegenständen, laute Geräusche etc. Manche Autoren (unter anderem Harry Price und C. G. Jung) vertreten die Meinung, daß es sich dabei wohl nicht um Geister im herkömmlichen Sinn handelt, sondern um psychische Energien, die von labilen Menschen in jugendlichem Alter unbewußt freigesetzt werden.
3. *Apparitionen* – das Erscheinen von traditionellen Geistern, wie es in Romanen immer wieder geschildert wird, von schattenhaften Gestalten, die meist in der Dämmerung und an historischen Schauplätzen kommen und gehen.
4. *Spukphänomene* – bei denen sich die Charakteristika von Apparitionen und Poltergeistern kombinieren und alarmierende psychische Phänomene hervorgerufen werden, die sich auf unterschiedlichste Weise manifestieren können.

DIE MODERNE PARAPSYCHOLOGISCHE FORSCHUNG hat einige Geister eingehend erforscht und manche Theorien bezüglich des Wesens und Wirkens dieser Schattengestalten aufgestellt. Der Begriff „Geist“ bezieht sich dabei meist auf den Geist eines Verstorbenen, auch wenn es manche Erscheinungen von noch lebenden Personen gibt. Apparitionen können wie folgt klassifiziert werden:

1. Geister – das heißt Erscheinungen von Verstorbenen, die entweder mit der Person, der sie erscheinen (zum Beispiel die Erscheinung eines Verwandten, der eine Botschaft aus dem Jenseits übermittelt) oder mit dem Ort, an dem sie erscheinen (zum Beispiel das klassische Thema eines Ermordeten, der in dem Haus spukt, in dem er ermordet wurde) assoziiert sind.
2. Phantastische Erscheinungen von lebenden Personen, die an einem Ort auftauchen, während sie sich körperlich an einem anderen Ort befinden. Bei solchen Apparitionen handelt es sich meist um jemanden,
   - der kurz vor seinem Tod steht und sich einem ihm Nahestehenden zeigt,
   - der eine dringende Botschaft überbringen will (wie zum Beispiel die Mutter, die ihrem Sohn erscheint, um ihn vor einer drohenden Gefahr zu warnen,
   - der im Schlaf seinen Astralkörper versehentlich oder absichtlich auf Reisen schickt.
3. Apparitionen von Tieren oder Dingen, zum Beispiel Geisterschiffe, Phantomwesen oder auf geheimnisvolle Weise auftauchende und wieder verschwindende Objekte.

ZWAR WERDEN IN FILMEN UND ROMANEN Geister meist als weiße, durchsichtige Gestalten beschrieben, die den Betrachter in Schrecken versetzen. Doch nach Aussagen derer, die schon Geister gesehen haben wollen, sind diese nicht unbedingt sichtbar, erschreckend oder durchsichtig. Viele werden fälschlicherweise für ganz normale Personen gehalten. Außerdem können sie sehr unterschiedlich wahrgenommen werden und sind oft nur Medien sichtbar, während normale Menschen ihre Anwesenheit nur „spüren“. Geister können wahrgenommen werden als:

- Visionen – das heißt, der Geist taucht in der einen oder anderen physischen Gestalt auf
- Geräusche – Laute, Stimmen, Musik oder andere Geräusche, die auf die Präsenz übernatürlicher Phänomene hinweisen
- Intuitionen – das Gefühl, jemand/etwas sei präsent
- weitere Sinneswahrnehmungen – zum Beispiel Temperatur (die oft in Anwesenheit von Geistern sinkt); Bewegung (oft weht ein Wind in einem sonst windstillen Raum); Berührung (unsichtbare Finger gleiten durch das Haar oder über das Gesicht)

- medialeWahrnehmungen – wenn jemand mediale Fähigkeiten besitzt, kann er den Geist entweder durch eine Vision (Clairvoyance), durch ein Geräusch (Clairaudience) oder durch ein Gefühl (Clairsentience) wahrnehmen
- indirekte Wahrnehmungen durch mediale Phänomene – wie der Poltergeist kann sich der Geist durch die Bewegung von Objekten (Psychokinese oder Telekinese), durch die Levitation von Dingen, durch mysteriöse Schriftzüge, durch die Materialisation von Dingen oder auf sonstige im Spiritismus gebräuchliche Arten zeigen

UNABHÄNGIG von der Frage, ob jemand tatsächlich etwas oder jemanden wahrnimmt, stellt sich die Frage, was und wie er es wahrnimmt. Im allgemeinen gehen die Geistertheorien von den folgenden Voraussetzungen aus:

1. Die vom Leib losgelösten Persönlichkeiten von Verstorbenen können den Kontakt mit der physischen Welt aufrechterhalten (die spiritistische Hypothese).
2. Es kann eine Art Energiemasse geben, die mit Orten, Objekten oder Personen eine „Verbindung" hat. Sie führt zu divrsen Phänomenen, und zwar ausgelöst durch eine von jemandem verübte Tat (zum Beispiel, wenn die Wut und der Haß eines Mörders noch nach dem Verbrechen im Raum hängenbleiben und sich in diversen Phänomenen zeigen – eine der häufiger auftauchenden wissenschaftlichen Erklärungen).
3. Ereignisse hinterlassen unauslöschliche Spuren in der gesamten Substanz der Umgebung und können sich in unterschiedlicher Weise manifestieren (eine Abwandlung der zweiten Theorie).
4. Es gibt immer eine rationale Erklärung für sämtliche Erscheinungen dieser Art.
5. Solche Manifestationen gibt es in Wirklichkeit gar nicht, sie werden nur durch psychische Einflüsse auf das Individuum ausgelöst, das behauptet, sie wahrzunehmen.

SPIRITISMUS

Oftmals wird behaupet, daß es unter bestimmten Umständen möglich ist, mit den Verstorbenen zu kommunizieren. Ob dies nun für den Toten oder für denjenigen, der mit ihm kommuniziert, gut oder schlecht, schädlich oder nützlich ist, sei dahingestellt. In manchen Gesellschaften wurden richtige Institutionen gegründet, um eine regelmäßige Kommunikation zu ermöglichen – Medien, Schamanen und andere medial veranlagte Personen besetzten in vielen Kulturen wichtige Stellungen. Die Grundlagen des spiritistischen Glaubens sind:

1. Ein Glaube an die Kontinuität der Persönlichkeit nach dem Tod, das heißt, das Wesen der Person bleibt erhalten und kann in Worten kommunizieren sowie sich an Ereignisse und Menschen erinnern.
2. Die Überzeugung, mit Toten Kontakt aufnehmen zu können. Die Toten existieren in einer Dimension, die nicht völlig von der unserer getrennt ist. Sie können dort kontaktiert werden oder können in unsere Dimension gelangen, um mit uns hier in Kontakt zu treten.
3. Leute (gewöhnlich als Medien bekannt) mit spezifischen übersinnlichen Fähigkeiten, die eine Kommunikation mit den Toten auf diverse Weisen ermöglichen.
4. Die Vorstellung, daß es sinnvoll ist, die Möglichkeit des Kontakts mit den Verstorbenen zu nutzen. Meist geschieht das mit dem Argument, daß diese mehr wissen und „erleuchteter" sind, oder aber umgekehrt, daß sie Hilfe brauchen, um sich an ihren neuen Zustand anzupassen.

WELCHE BEWEISE gibt es zur Unterstützung der These, daß tatsächlich eine Kommunikation mit einem Toten stattgefunden hat, die zu konkreten Ergebnissen führte? Der moderne Spiritismus unterscheidet sich von der Naturvölker dadurch, daß er immer wieder die Beweisbarkeit betont, das heißt: Es wird behauptet, daß wissenschaftliche Untersuchungen seine Prämissen bestärken können und werden. Folgende Fragen müssen beantwortet werden:

1. Kann bewiesen werden, daß die Ergebnisse nur durch Mittel erreicht werden, die mit üblichen Begriffen, die nicht aus dem Übernatürlichen stammen, nicht erklärt werden können? So kann es sich zum Beispiel auch um bewußten oder unbewußten Betrug seitens der Betroffenen handeln: um natürliche Phänomene unterschiedlichster Art oder um geistige Aktivitäten, zum Beispiel Telepathie. Die These, daß zumindest einige „paranormale Phämomene" – etwa Telepathie und Psychokinese – außerhalb des Bereichs der natürlichen Phänomene vorkommen, ist ausreichend wissenschaftlich belegt.

2. Vorausgesetzt, es kann bewiesen werden, daß es sich um übernatürliche Effekte handelt – kann dann auch bewiesen werden, daß sie aus einer Kommunikation mit den Toten stammen. Kann es sich nicht einfach nur um die übersinnlichen Kräfte der Lebenden handeln? Ersteres zu beweisen ist für Spiritisten immer eine sehr schwierige Aufgabe.

DER SPIRITISMUS in seiner heutigen Form nahm in der zweiten Hälfte des 19. Jahrhunderts in den USA seinen Anfang und weitete sich rasch auf England sowie das übrige Europa aus. Aufgrund der hohen menschlichen Verluste beschäftigten sich die Menschen in Kriegszeiten verstärkt mit dem Tod und dem Schicksal der Verstorbenen, was den Einfluß des Spiritismus stärkte. Es entwickelten sich diverse Sekten, die eine spiritistische Philosophie für sich in Anspruch nahmen, einige davon mit einer christlichen, andere auch mit ausgesprochen antichristlichen Ausrichtung. Momentan beschäftigt man sich stärker mit dem Leben als mit dem Tod betont, und so scheint es dem Spiritismus beschieden zu sein, wieder in Vergessenheit zu geraten. Vor allem da die Manifestationen, die früher einmal für großes Erstaunen und Verwunderung sorgten, heute nicht mehr exklusiv seine Domäne sind, sondern größtenteils als Phänomene eingestuft werden, die man wissenschaftlich untersuchen kann.
Gewöhnlich gibt es beim Spiritismus mehrere Arten der Kommunikation mit den Geistern von Verstorbenen:

- die *Séance* (ein Treffen, meist in einem abgedunkelten Raum – Licht soll die Kräfte abschwächen, durch die die Geister sich manifestieren können), bei der die Leute im Kreis sitzen, um die Geister anzurufen
- das *Oui-ja-Board* (ein Brett, auf dem die Buchstaben des Alphabets und verschiedene einfache Wörter geschrieben sind, über das sich ein von Geisterhand „gelenktes" Glas bewegt)
- eine *Planchette* (ein auf Kugeln laufender Stift, der – locker in der Hand gehalten – angeblich von den Geistern bewegt wird, um ihre Botschaft niederzuschreiben)
- das *automatische Schreiben* (wiederum ein locker in der Hand gehaltener Stift, der sich nach der Angabe der Geister bewegen soll)
- *Geisterfotografie* (ein unbelichteter Film, der nach seiner Entwicklung ein Bild oder eine Botschaft zeigt)
- *Clairvoyance* (bei der das Medium die Fähigkeit hat, Geister zu sehen)
- *Clairaudience* (wobei das Medium Dinge hört, die normale Menschen nicht hören können)
- *Clairsentience* („Gefühle" oder Intuitionen)

BEI EINER SÉANCE verfällt das Medium meist in Trance. Es wird dabei von dem Geist des Verstorbenen oder aber von dem Führer des Geistes (einer Art Schutzgeist, einem Lehrer oder fortgeschrittenen Geist, der dem Medium beisteht und es beschützt) in Besitz genommen. Nun kann dieser Geist mit den Stimmbändern des Mediums sprechen, wobei sich dessen Stimme auch verändern kann. Manchmal kommt es zu

- Materialisationen (einer tatsächlichen Erscheinung des Verstorbenen im Séance-Raum)
- Manifestationen von materiellen Objekten, für die es keine natürliche Erklärung gibt zum Beispiel Steine, die auf den Tisch fallen
- Klopfgeräuschen, wenn die Geister in kodierter Kommunikation auf den Tisch klopfen
- Lichtern

SELTENER WURDE VON EKTOPLASMA berichtet, einer geheimnisvollen Substanz (von Spiritisten für eine Materialisation des Astralleibs gehalten), die sich aus dem Mund des Mediums ergießt oder unter seiner Kleidung hervortritt. Manchmal kommt es zur Psychokinese (ein Objekt bewegt sich ohne natürliche Erklärung), bei der Dinge auch durch das Zimmer fliegen können, seltener zur Levitation (der Körper des Mediums oder eines anderen Séance-Teilnehmers wird emporgehoben). Spiritistische Gruppen praktizieren auch das Heilen, meist in Form von Handauflegen oder Massage, wobei sie behaupten, als Vermittler der Schutzgeister zu arbeiten, die ein besonderes Interesse an der Medizin haben.
Die Lehren der Geister, die durch die Medien vermittelt werden, sind sehr unterschiedlich, und daher existieren auch diverse spiritistische Schulen. An folgenden Annahmen halten jedoch alle diese Schulen fest:

1. Die Seele ist ein Duplikat des Körpers und residiert in ihrem natürlichen Zustand in einer Welt, die der unseren sehr ähnlich, wenn auch überlegen ist.
2. Die Seele ist vom Geist, dem Lebensprinzip, besetzt.
3. Es gibt unterschiedliche, gleichzeitig existierende „Welten“ in einer hierarchischen Anordnung. Das Ziel des Lebens ist es, von der tieferliegenden in eine höherliegende Welt aufzusteigen. Weitverbreitet unter Spiritisten ist auch die Annahme, daß diese Welten in konzentrischen Sphären um die Erde herum angeordnet sind.
4. Nach dem Tod gelangt die Seele in die ihr entsprechende Welt. Ein schlechter Mensch kommt demnach in eine unangenehme Welt.
5. Entweder werden die Seelen wiedergeboren, bis sie den perfekten Zustand erreicht haben, oder sie wandern andauernd in andere Welten weiter.
6. Gott hat keine so zentrale Stellung wie in der christlichen Theologie.

Das Interesse am Spiritismus hat in dem Zuge abgenommen, in dem das erneute Interesse am Okkulten und das moderne Interesse der Wissenschaft an übernatürlichen Phänomenen zugenommen hat. Spiritistische Sitzungen werden heute meist von älteren, verwitweten Damen abgehalten, junge Leute finden sich kaum noch ein. Séancen bieten nicht mehr die Aufregung und die Wunder, die sie früher geboten haben.

BESESSENHEIT

Schon seit alters her glaubte man, daß ekstatische Bewußtseinszustände in diversesten Erscheinungsformen auch von Kräften oder Wesen ausgelöst sein konnten, die unabhängig vom Individuum existierten. Für die Ursache solcher Einflüsse gab es unterschiedliche Erklärungen – Teufel, Götter, Geister, die Toten, Elementarwesen, Naturgeister, Engel, Gespenster. Aber immer wurde angenommen, daß der Mensch von einer äußeren Kraft in Besitz genommen werden kann, die ohne seine bewußte Zusammenarbeit und gegen seinen Willen durch ihn agiert. In Ausrufen wie „Er ist heute einfach nicht er selbst!" oder „Etwas ist in ihn gefahren" spiegelt sich diese Ansicht wider.

Besessenheit ist weder ein neues noch ein spezifisch christliches Konzept. Es gibt zwei Arten von Besessenheit:

1. *freiwillig* – Das Individuum, etwa ein spiritistisches Medium, läßt sich von einem Wesen in Besitz nehmen, um ihm eine Ausdrucksmöglichkeit zu geben. Dies schließt Besessenheit durch Geister von Verstorbenen, durch Naturgeister und durch Götter mit ein. Damit möchte das Medium Prophezeiungen ermöglichen.
2. *unfreiwillig* – Das Individuum wird gegen seinen Willen von einer äußeren Kraft in Besitz genommen, die allgemein destruktiv wirkt.

DER EINFLUSS dieser äußeren Kräfte kann sich unterschiedlich äußern:

- *als reiner Einfluß* – das Individuum ist sich bewußt, daß etwas seine Gedanken oder sein Verhalten beeinflußt, das nicht unmittelbar von ihm stammt. Bei manchen Divinationsmethoden läßt man sich durch äußere Kräfte beeinflussen. Auf der einfachsten Ebene schließt diese Art von Einfluß auch alle Gefühle mit ein, die man vielleicht an bestimmten Orten oder bezüglich bestimmter Menschen hat;
- *als Obsession* – der Betroffene ist sich bewußt, daß etwas seine Gedanken und sein Verhalten stört, das entschieden über den reinen „Einfluß" hinausgeht. Aber er kann sich davon nicht befreien; etwas hat sich sozusagen an ihn geheftet, bleibt aber weiter „außerhalb" seiner selbst;
- *als Besessenheit* – die Persönlichkeit des Betroffenen wird von einem anderen Wesen verdrängt – dieses übernimmt völlig die Kontrolle. Der Betroffene selbst merkt vielleicht gar nichts davon und hat eventuell auch keine Erinnerung daran, wenn die Besessenheit vorbei ist, da er in der fraglichen Zeit gar nicht „da" war. Man kann manchmal rein zufällig (etwa durch den Umzug in ein Haus,

in dem eine ruhelose Wesenheit existiert) unter den Einfluß von äußeren Wesen geraten, manchmal auch selbstverschuldet (zum Beispiel wenn man mit okkulten Riten falsch umgeht), wobei die Stärke des Einflusses variiert.

NATÜRLICH KANN NICHT BEWIESEN WERDEN, ob ein Mensch nun tatsächlich von einem äußeren Wesen in Besitz genommen werden kann. Doch es gibt zahllose Fälle, in denen ein Exorzismus als Therapie erfolgreich war.
An dieser Stelle muß jedoch betont werden, daß sehr viele Fälle von angeblicher Besessenheit in viel einfacheren, psychologischen Begriffen erklärt werden können. Als Besessenheit sollten nur solche Fällen bezeichnet werden, auf die alle alternativen Erklärungen nicht zutreffen.
Auf folgendes ist unbedingt zu achten:

1. Gibt es Symptome, die auf die üblichen medizinischen oder psychologischen Behandlungsmethoden nicht ansprechen?
2. Ist der Betroffene gesund und ausgeglichen? Hat er bis auf die eigentlichen Symptome der Besessenheit keine Neigung zu psychischen Störungen?
3. Gibt es einen Hinweis, daß eine (vom psychologischen Standpunkt aus gesehen) unorthodoxe Behandlung in den Traditionen des Exorzismus eine Reaktion und eine Besserung zur Folge hat?

ES GIBT VIELE FALLUNTERSUCHUNGEN auf diesem Gebiet, von denen manche natürlich auch mit anderen Begriffen erklärt werden können. Folgende Beispiele mögen das vorgestellte Konzept verdeutlichen:

1. *Besessenheit:* Ein Junge durchlebt eine Zeit von Unruhe, Alpträumen, Appetitverlust, unkontrollierter Aggression und Konzentrationsschwäche. Plötzlich setzen heftige Wutausbrüche ein, bei denen er brüllt und schreit und sein Körper in Krämpfe verfällt. Im Verlauf dieser Anfälle wirkt er auf Anwesende wie ein anderer Mensch; wieder in seinem „Normalzustand" kann er sich an nichts mehr erinnern, leidet jedoch unter den Wunden, die er sich bei seinen Anfällen zugezogen hat. Sein körperlicher Zustand ist bedrohlich. Eingehende medizinische und psychiatrische Untersuchungen ergeben, daß seine Symptome keine körperlichen Ursachen haben (also auch nicht auf Epilespie oder Gehirnschäden zurückzuführen sind) und daß der Junge in seinem normalen Zustand psychisch gesund ist. Doch seine zweite, gewalttätige, destruktive Persönlichkeit zeigt sich immer wieder. Schließlich wird ein Exorzismusritual vollzogen, und nach mehrmaliger Wiederholung verschwinden die Symptome schließlich völlig. In diesem Fall hatten medizinische und psychiatrische Behandlungen keinerlei Wirkung. So kann davon ausgegangen werden, daß es sich hier tatsächlich um eine Besessenheit handelte.

2. *Obsession:* Eine Frau bemerkt, daß sich immer wieder Gedanken in ihr Bewußtsein einschleichen, die sie dazu verleiten wollen, bei einer von ihr ungeliebten Tante zu leben. Die Gedanken manifestieren sich schließlich in Stimmen, die nur die Frau hört. Sie ist sich voll bewußt, daß dies nicht ihre eigenen Gedanken sein können, kann sie jedoch nicht verhindern oder ignorieren. Es ist, als spräche jemand mit ihr. Sie fängt an, die Tante in ihrer Vorstellung zu „sehen", und das Bild wird sehr störend, weil es so oft auftaucht. Ihre Versuche, sich durch alle möglichen körperlichen und geistigen Aktivitäten von ihrer Obsession abzulenken, sind erfolglos. Ein Arzt stellt fest, daß sie sich in einer guten gesundheitlichen Verfassung befindet, die jedoch von diesem Problem angegriffen wird. Ein befragter Psychiater kann keinen unmittelbaren Grund des Problems feststellen; sie hat keine Schuldgefühle bezüglich ihrer Tante und wirkt ansonsten ausgeglichen und gesund. Trotz medizinischer und psychiatrischer Behandlung dauert das Problem an. Schließlich sucht die Frau einen Okkultisten auf, der ihr sagt, ihre Tante sei in Hexerei verwickelt und habe eine obsessive Wesenheit beauftragt, sie so weit zu bringen, mit ihr zu leben. Nachdem der Okkultist einen magischen Exorzismus vollzogen hat, verschwinden die Symptome.
3. *Einflüsse:* Ein Mann sucht ein spiritistisches Medium auf und hat danach das Gefühl, er werde von einer vagen, undefinierten Gestalt verfolgt, die weder feindlich noch freundlich, jedoch störend ist. Obsessiver Einfluß ist nicht spürbar, die Gestalt folgt ihm einfach, und das allein stört schon genug. Er denkt, daß dies ein persönliches Problem ist und bringt seinen Besuch damit nicht in Zusammenhang (möglicherweise hat er als strikter Katholik Schuldgefühle, weil er an einer Séance teilgenommen hat). Nachdem die Behandlung durch einen Psychologen icht fruchtet, die Gestalt noch immer da ist, wendet er sich auf Anraten des Psychologen an einen Priester. Dieser nimmt einen Exorzismus vor, woraufhin endlich die Gestalt verschwindet.

DIESE DREI – VEREINFACHT DARGESTELLTEN – BEISPIELE zeigen deutlich die verschiedenen Arten von Besessenheit. Tatsächliche Fälle sind selten so klar und so einfach zu lösen, sind jedoch auch eher die Ausnahme; für die meisten Fälle angeblicher Besessenheit gibt es andere Erklärungen. Leider führt das moderne, oft genug nicht ausreichend informierte Interesse am Okkulten häufig dazu, jede Behauptung von Besessenheit allzu leichtfertig zu akzeptieren und einen Exorzismus als sofortige und praktische Lösung anzubieten. Dabei sollte man jedoch daran denken, daß ein Exorzismus bei Fällen, in denen keine Besessenheit oder Obsession vorliegt, dazu führen kann, daß der Betroffene unerwünschten Einflüssen ausgesetzt wird.

EXORZISMUS

Gesellschaften, die Besessenheit anerkennen, kennen auch den Exorzismus, bei dem eine größere Macht oder Fähigkeit eingebracht wird, um das Böse zu bekämpfen. Im wesentlichen bezieht sich Exorzismus auf Menschen, kann sich aber auch auf die Austreibung übler Einflüsse aus verwunschenen Häusern beziehen. Es gibt einige Grundprinzipien, nach denen der Exorzismus funktioniert:

1. Die externe Wesenheit verschwindet, wenn es ihr zu ungemütlich wird.
2. Die Wesenheit wird gezwungen zu verschwinden, indem man sie dazu verleitet, etwas Unüberlegtes zu tun.
3. Eine stärkere Macht kann angerufen werden, um die Wesenheit zum Verschwinden zu zwingen.

BEI NATURVÖLKERN wurden oft Blätter verbrannt, Besessene ausgepeitscht oder ein enormer Lärm verursacht, in der Erwartung, die Wesenheit so zu erschrecken, daß sie verschwand. Auch durch Tricks sollten sie zum Verlassen des Körpers gebracht werden, etwa indem man Objekte als „Köder" auslegte – zum Beispiel Essen, manchmal auch Tiere. Wenn dies alles nicht fruchtete, wurden die Götter herbeigerufen, um die Wesenheit zu verbannen. Der christliche Exorzismus von einem unterschiedlichen Weltbild aus, wendet jedoch im wesentlichen die gleichen Methoden an: Räucherwerk, Weihwasser und Glocken werden eingesetzt, um es der Wesenheit ungemütlich zu machen; sie soll durch Verhöre und Drohungen zum Verschwinden gebracht werden; schließlich werden Gott oder der Heilige Geist angerufen, um sie zu vertreiben.

Besessenheit, so wird meist angenommen, geht mit körperlichen Symptomen wie extremer Schwäche, Übelkeit, Schmerzen und Blutungen einher, kann dem Besessenen aber auch übernatürliche Kräfte verleihen (zum Beispiel in einer ihm unbekannten Sprache zu sprechen, sich in die Luft zu erheben). Nahezu überall wird auch angenommen, daß nicht jeder zum Exorzisten geeignet ist; der eine hat eine natürliche Begabung dafür, der andere kann es aufgrund der ihm verliehenen Autorität. Jeder Exorzist begibt sich jedoch auch selbst in Gefahr.

Mit dem wiedererstarkten Interesse am Okkulten betrachtet auch die Psychiatrie Besessenheit und Exorzismus in einem anderen Licht – weniger als Erklärung, sondern als Technik, die manchmal funktioniert, auch wenn sie auf unwissenschaftlichen Voraussetzungen basiert. Im allgemeinen gilt für den Exorzismus:

1. Es werden Mächte angerufen, die stärker sind als diejenigen, die das Individuum in Besitz genommen haben.

2. Es wird die Wesenheit angerufen, wobei herausgefunden werden soll, um welche genau es sich handelt. Die vorher angerufenen Mächte sollen dabei ihren Schutz gewähren.
3. Der Exorzist versucht mit seiner Macht, die Wesenheit zu vertreiben. Er umgibt den Besessenen auch mit einem „Schutzfeld", um die Wesenheit daran zu hindern, erneut in ihn hineinzufahren.

PRINZIPIELL geht man auch beim Exorzismus davon aus, daß es diverse, unterschiedlich starke Mächte im Universum gibt. Sie kämpfen in dieser Welt um ihre Existenz, und zwar durch die Menschen, die mitten in einer kosmischen Schlacht festsitzen. In dem Besessenen, bei dem ein Exorzismus vorgenommen wird, zeigt sich dieser Kampf am deutlichsten – der Kampf zwischen Dunkelheit und Licht, zwischen Gut und Böse, Gott und dem Teufel, Leben und Tod.
Es gibt eine Vielzahl von exorzistischen Techniken und Traditionen, die folgendermaßen unterteilt werden können:

1. *Christlicher Exorzismus* – Christus selbst hatte dem Neuen Testament nach die Macht, Teufel auszutreiben, und unterwies auch seine Jünger, in seinem Namen Gleiches zu tun. Unterscheiden kann man noch in:
   a) *katholisch* – die römisch-katholische und die orthodoxe Kirche erteilen den Priestern die Kraft und Autorität zu exorzieren. Der Exorzismus wird mit den Sakramenten in einer genau festgelegten Zeremonie durchgeführt.
   b) *protestantisch* – hier wird angenommen, daß grundsätzlich alle Christen durch Christus die Kraft zu exorzieren verliehen bekommen haben; sie soll sich jedoch besonders bei Individuen zeigen, die dieses Geschenk vom Heiligen Geist empfangen haben. Der Exorzismus verläuft nicht nach einer vorgeschriebenen Formel, sondern variiert je nach den Vorstellungen des Exorzisten.
2. *Rituelle Magie* – Hier stammt die Autorität aus dem Wissen. Der Magier ist nicht aufgrund einer ihm verliehenen Autorität tätig, sondern durch die Macht, die er sich selbst angeeignet hat. Der Exorzismus hat einen rituellen Charakter, es werden Zeremonien und Symbole zur Bekämpfung eingesetzt. Oft werden andere Mächte angerufen, schließlich wird die besitzende Wesenheit mit dem Willen des Magiers konfrontiert.
3. *Hexerei* – Die Prinzipien ähneln der rituellen Magie, sind jedoch eher religiöser Natur. Der Exorzist ruft die Götter und Mächte seiner Religion an, um die Wesenheit auszutreiben, und verwendet dazu traditionelle Hexenrituale.

AUCH ANDERE RELIGIONEN, so das Judentum, der Islam und der Buddhismus, kennen exorzistische Mittel, obgleich diese in ihren Konzepten keine zentrale Rolle spielen.

GEISTHEILUNGEN

Die Geistheilung oder auch Glaubensheilung bezieht sich auf eine lange Heiltradition, die entweder unorthodoxe Methoden verwendet oder von einer Art übernatürlicher Mitwirkung am Heilprozeß ausgehen. Natürliche Heilmethoden wie die Naturheilkunde oder die Homöopathie fallen nicht in diese Kategorie. Es gibt jedoch auch Ausnahmen: Die philippinischen Heiler wenden natürliche, aber angeblich auch übernatürliche Methoden an.

Bei den Naturvölkern wurden Schamanen und Magier herbeigerufen, um die bösen krankheitsverursachenden Geister auszutreiben. Mit ihren hellseherischen Fähigkeiten konnten sie das Wesen der Krankheit diagnostizieren (meist einen Fluch, den ein anderer Magier auferlegt hatte, die böse Absicht eines Feindes oder die Invasion eines bösen Geistes) und erfolgreich behandeln. Diese Geistheiler benutzten diverse Techniken, meist exorzistischer Art, verabreichten manchmal auch natürliche Heilmittel (Kräuter) und versuchten auch durch Zaubersprüche oder Rituale, eine Heilung herbeizuführen. Immer wird der Geist angesprochen, manchmal die Seele, nicht jedoch der Körper. Die Kraft, auf diese Weise zu heilen, hatte verschiedene Ursprünge – Gott, Götter, Geister, Naturkräfte oder auch nur die Macht der Suggestion, die der Heiler über seinen Patienten hatte. Meist wurde jedoch angenommen, daß sie ihren Ursprung außerhalb des Heilers hatte. Dieser war nur ein Vehikel, durch das die Kräfte wirken konnten.

Ursprünglich waren die Menschen, die eine natürliche Gabe zu heilen hatten, Teil der Gesellschaft. Doch mit der zunehmenden Macht der Kirche verschwanden sie allmählich, vor allem, weil ihre Gaben meist als Teufelswerk und sie selber als Hexen stigmatisiert wurden. Die Kirche behielt sich die Kraft des Heilens durch die Sakramente vor und weigerte sich, anzuerkennen, daß es solche nicht von Satan stammenden Gaben auch außerhalb ihrer Institution gab. Innerhalb der Kirche gab es viele Menschen, denen die Gabe des Heilens zugesprochen wurde und zu deren Gräbern oder Reliquien noch heute viele Menschen pilgern. Wunderheilungen an Orten wie Lourdes sind gute Beispiele für Geistheilungen innerhalb der Kirche, doch außerhalb der etablierten Domäne des Klerus.

Franz Mesmer, ein österreichischer Arzt und Astrologe im 18. Jahrhundert, machte die Geistheilung in der Moderne bekannt. Mesmer behauptete, seine Patienten zu heilen, indem er sie mit Quellen des „Magnetismus“ verband. Diesen hielt er für die eigentliche Lebenskraft, und dessen Fehlen oder Schwächung er für die Krankheit verantwortlich machte. Seine Patienten saßen um Wannen herum, die mit Eisenspänen gefüllt waren. Eiserne Stableiter ragten heraus, die die Patienten in die Hand nehmen sollten, um den Magnetismus in ihre Körper weiterzuleiten. Mesmers Patienten litten häufig unter Zuckungen, Bewußtseinstrübungen oder Epilepsie, und viele von ihnen gaben an, daß ihre Symptome nach einer solchen Behandlung geheilt oder erheblich gebessert seien. Mesmer behauptete, daß seine Heilungen auf rein wissenschaftlichen Prinzipien basierten und überhaupt nichts mit Wundern oder übernatürlicher Mitwirkung zu tun hätten. Seine Schüler wandten seine Technik weiter an, doch mit der Zeit verschwanden viele Utensilien des Mesmerismus, die Eisenleiter und die Wannen mit Eisenspänen, bis schließlich auch aus dieser Heilmethode ein rein geistiger Prozeß wurde.

In Amerika setzte Phineas Quimby die Tradition der Geistheilung fort, die später von seiner Schülerin, Mary Baker Eddy, zur „Christian Science" weiterentwickelt wurde. Sie kam schließlich an den Punkt, die Existenz von Materie, Krankheit oder Tod völlig zu leugnen und anzunehmen, daß dies alles nur „Irrtümer des sterblichen Geistes" seien.

Auch im Spiritismus entwickelten sich diverse Heiltechniken. Manche Medien behaupteten, daß sich in ihnen unterschiedliche Heiler manifestierten. Diese Mächte gaben durch sie Diagnosen ab oder verschrieben eine Behandlung; andere Medien behandelten auch selbst, etwa durch Massage und Handauflegen.

Anfang des 20. Jahrhunderts interessierte man sich zunehmend für solche Arten des Heilens. Selbst in der Kirche begann man, sich zu überlegen, ob man sich nicht wieder dem Heilen widmen sollte, was ja anfangs einen Großteil der christlichen Tätigkeit ausgemacht hatte. In der Anglikanischen Kirche bemühte man sich ganz besonders um Heilungen, aber auch andere Kirchen fingen an, sich mit dem Heilen zu beschäftigen. Das erneute Interesse an der Hexerei führte ebenfalls dazu, daß auch die aus dieser Bewegung stammende Heilmethoden wieder aufgegriffen wurden.

Die Techniken des Geistheilens können folgendermaßen klassifiziert werden:

1. Handauflegen: traditionell eine christliche Methode, die bei vielen Kirchen zusammen mit Gebeten praktiziert wird.
2. Sakramentale Heilung: in der katholischen Kirche verbreitet. Es werden Einreibungen mit „heiligem Öl" und das Handauflegen praktiziert, die sogenannte „Heilige Salbung".
3. Gebete: In manchen Gruppen wird ausschließlich auf lautes oder leises Beten vertraut, um zu heilen.
5. Rituelle Massagen: Bei dieser Technik soll nicht der Körper selbst angesprochen werden, wie zum Beispiel in der Physiotherapie, sondern es sollen unsichtbare Heilkräfte durch die Hände des Heilers auf den Patienten übergehen.
6. Überzeugung: Gruppierungen um die „Christian Science" vertrauen allein auf die intellektuelle Methode, bei der Kranke überzeugt werden sollen, daß Krank-

heit entweder gar nicht existiert oder daß sie kein natürlicher Zustand ist. Daher ist der Geist in der Lage, sie durch gezieltes Denken zu besiegen.

7. Geistchirurgie: auf den Philippinen und in Brasilien praktiziertes Heilverfahren, bei dem der Geistheiler angeblich ohne jegliche Instrumente den Körper des Patienten öffnet und das kranke Gewebe entfernt.

FUNKTIONIERT DAS GEISTHEILEN WIRKLICH? Es gibt sicherlich genug Menschen, die behaupten, von unterschiedlichsten Krankheiten auf diese Weise geheilt worden zu sein. Aber es gibt auch noch eine Reihe anderer möglicher Erklärungen:

1. Das Geistheilen funktioniert nicht. Entweder waren diejenigen, die behaupten, geheilt worden zu sein, überhaupt nicht krank, oder aber ihre Heilung fand durch natürliche Prozesse statt, die mit dem Geistheilen nichts zu tun hatten.
2. Das Geistheilen funktioniert nicht in dem Sinn, daß eine körperliche Krankheit geheilt wird. Die Heilung wird vielmehr dadurch herbeigeführt, daß der Patient daran glaubt. Viele der durch Geistheilungen geheilte Krankheiten sind nämlich eher psychosomatisch als rein organisch bedingt.
3. Bei Geistheilungen werden Kräfte benutzt, die bislang von der etablierten Wissenschaft noch nicht erfaßt sind, aber allmählich doch anerkannt werden (zum Beispiel Kirlian-Fotografie).

UMFANGREICHE WISSENSCHAFTLICHE UNTERSUCHUNGEN von Geistheilungsmethoden legen folgendes nahe:

1. In einigen Fällen ist tatsächlich auf diese Weise eine Heilung erfolgt.
2. Die meisten auf diese Art herbeigeführten Heilungen finden bei Krankheiten psychosomatischen Ursprungs statt.
3. Eine kleine Restmenge organisch bedingter Krankheiten ist entgegen der wissenschaftlichen Erwartung erfolgreich durch Geistheilungen behandelt worden.
4. Bei der großen Mehrheit angeblicher Heilerfolge fand vor der Heilung keine adäquate Diagnose statt. Behauptungen, denen zufolge alle möglichen schrecklichen Krankheiten geheilt worden seien, entbehren der wissenschaftlichen Grundlage. Es kann nicht festgestellt werden, ob die Patienten jemals tatsächlich diese Krankheiten hatten.

LETZTLICH IST ES SEHR SCHWIERIG, eine Geistheilung zu beweisen. Zuerst einmal müßte der Patient eine schwerwiegende organische Krankheit haben, die nicht durch Selbstheilungskräfte zum Stillstand gebracht werden kann. Diese müßte von einer Reihe unabhängiger Ärzte diagnostiziert und nach Möglichkeit auch noch durch Röntgenbilder belegt werden. Weiterhin sollte die Krankheit auf medizinische Behandlungen nicht angesprochen haben. Der Patient sollte auch einen ausreichend langen Zeitraum vor der Geistheilung nicht mehr in medizinischer Behandlung gewesen sein, um den Heilungserfolg auf die Geistheilung zurückzuführen. Schließlich müßte der Patient auf der Stelle völlig genesen, was eingehende medizinische Untersuchungen auch beweisen müßten. Solche Fälle sind nahezu unbekannt. Da der Zweck der Heilung ja darin liegt, den Patienten zu erleichtern und nicht den Skeptiker zu überzeugen, hätten wohl nur sehr wenige Heiler ein Interesse daran, sich an solchen wissenschaftlichen Experimenten zu beteiligen.

HEXENGLAUBE

TRADITIONELLER HEXENGLAUBE

Oft wird angenommen, daß das Hexenwesen eine Art Untergrundreligion war. Gewöhnlich wird es mit der Teufelsverehrung und dem Kult um das Böse in Verbindung gebracht, der im 16. und 17. Jahrhundert in ganz Europa existierte. Märchen und Filme zeigen die Hexe als altes Weib, das bestimmte übernatürliche Fähigkeiten besitzt, sich in Kräuterkunde auskennt, eine Neigung zur Bösartigkeit hat und sich in dunklen Nächten mit anderen Hexen trifft, um dem Teufel zu huldigen. Diese weitverbreitete Ansicht wird auch von einigen Wissenschaftlern, vor allem von Dr. Margaret Murray, unterstützt.

Doch die historische Wahrheit ist weit weniger exotisch als dieser Volksglaube. Nichts weist auf die Existenz einer mittelalterlichen religiösen Bewegung hin, die im Untergrund existierte und mit der Teufelsverehrung zu tun hatte. Moderne Theoretiker wie etwa Gerald Gardner, der behauptet, das Hexenwesen sei eine Fortsetzung der Fruchtbarkeitskulte aus der Steinzeit, entbehren ebenfalls jeder wissenschaftlichen Grundlage.

Zum europäischen Hexenwesen im Mittelalter gibt es mehrere Theorien:

1. Das Hexenwesen als *Teufelskult* gab es wirklich, und die Kirche widersetzte sich diesem Kult mit ihren Hexenverfolgungen im 16. und 17. Jahrhundert. Diese Theorie geht davon aus, daß der Teufel tatsächlich existiert und daß sowohl Männer als auch Frauen ihn verehren und mit ihm einen Vertrag eingehen können (den traditionellen Teufelspakt). Der Hauptvertreter dieser Ansicht, Montague Summers, verfaßte zahlreiche Werke zu diesem Thema.
2. Das Hexenwesen geht auf einen vorchristlichen *Fruchtbarkeitskult* zurück und wurde durch den zunehmenden Einfluß des etablierten Christentums in den Untergrund gedrängt. Diese Theorie, die ihre Schlüsse größtenteils aus den bei den Hexenprozessen erzwungenen Geständnissen und den Dokumentationen der Kirche zieht, geht davon aus, daß diese Religion weitverbreitet, organisiert und in ihren Glaubenssätzen und Praktiken relativ konsistent war. Eine Hauptvertreterin dieser Auffassung war die englische Anthropologin Margaret Murray, die für die Anhänger dieser Theorie die Grundlagenwerke verfaßte. Die

Mehrheit der modernen Hexen stützen sich auf Murrays Ansichten zum Hexenglauben.

3. Das Hexenwesen basierte rein auf *Hysterie* und *Wahnsinn*, und in den Prozessen und Verfolgungen spiegelten sich die weitverbreiteten gesellschaftlichen Wahnvorstellungen. Diese Theorie wurde erstmals im 16. Jahrhundert von Reginald Scot in seinem Werk *Discovery of Witchcraft* vorgestellt.
4. Die meisten modernen Autoritäten vertreten heute die Ansicht, daß das Hexenwesen kein organisierter Teufelskult war, sondern eine Vermengung verschiedener Überreste aus traditionellem *Volksglauben* und *Mythologie*. Es wurde von den Anhängern in kleinen Gruppen in ganz Europa praktiziert, wobei manche isoliert, andere kollektiv tätig waren. Elemente wie die Kräuterkunde, das Wahrsagen, einfacher Aberglaube, Mythen und Legenden sowie Überreste heidnischer Religionen, die viele Generationen lang weitergereicht worden waren und im Lauf der Zeit zunehmend unschärfer und verzerrter erschienen, gingen darin ein. In einem Zeitalter des Aberglaubens und der Angst vor dem Teufel galt alles, was sich außerhalb der strikten Begrenzungen des orthodoxen Christentums befand, als übernatürlich und böse und daher auch als vernichtenswert. Alte Frauen, Kräuterkundige, Epileptiker, Leute mit übernatürlichen Kräften, Sonderlinge – sie alle liefen Gefahr, als Handlanger des Teufels oder als Hexen und Hexer betrachtet, den Inquisitoren übergeben und schließlich hingerichtet zu werden. Politische, gesellschaftliche und religiöse Verfolgungen in jeder Zeit und in aller Welt zeigen, daß sich solche gesellschaftliche Hysterie nicht nur auf das Mittelalter beschränkt.

OFT WIRD ANGENOMMEN, daß das Hexenwesen sich am ausgeprägtesten im europäischen Mittelalter zeigte, doch es war sehr viel weiter verbreitet. Die meisten Naturvölker hatten ein System magischer Praktiken und Anschauungen, das einige wenige Individuen innerhalb der Gruppe repräsentierten. Oft wurde es als etwas Böses und Gefährliches betrachtet (allgemein als Zauberei bekannt), obgleich viele Kulturen es auch als Alternative zu dem vorherrschenden religiösen System oder tatsächlich als Bestandteil dieses Systems betrachteten. So kommen zum Beispiel den Hexenmeistern in vielen afrikanischen Gesellschaften wichtige Funktionen zu, etwa einen Zauberbann zu verhängen, zu heilen und wahrzusagen. Ihre Aktivitäten sind Teil der allgemeinen Religion, und obwohl ihnen auch die Macht, Böses zu tun, zugeschrieben wird, gilt ihr Wirken allgemein als gut.

In Europa wurden meist nur Frauen für Anhänger des Hexenglaubens gehalten, auch wenn Männer damit zu tun hatten. In anderen Ländern gab es überwiegend männliche Vertreter, also Hexer. Das englische Wort „witch“ stammt aus dem angelsächsischen „wise“ und deutet auf jemanden mit übernatürlichen Kräften hin (das deutsche Wort „Hexe" ist abgeleitet von althochdeutschen *hagzissa – Zaunreiterin:* ein dämonisches Wesen, das sich auf Hecken und Zäunen aufhält – A. d. Ü.). In allen Gesellschaften wurden solche Leute als eine Art Verbindung zwischen dieser Welt und einer anderen Dimension betrachtet. Sie hatten angeblich die Fähigkeit, die Gegenwart zu beeinflussen und die Zukunft vorherzusagen sowie zu heilen oder einen Fluch zu verhängen. Oft wurden solche Gaben für vererbbar gehalten. Bei manchen Kulturen wurde auch angenommen, daß Personen, die durch diverse Merkmale auffielen, die in der modernen Gesellschaft wohl als Behinderungen gelten würden, Hexenkräfte besaßen.

In allen Gesellschaften – von Europa über Afrika und Asien bis nach Südamerika – kann das Hexenwesen in drei Bereiche aufgegliedert werden:

1. *Philosophie:* Meist handelt es sich um eine Art Fruchtbarkeitskult, dessen Glaubenssätze auf dem Naturkreislauf und auf einer Vielzahl von mündlich überlieferten Mythen basieren. Die allgemeine Ansicht über Hexen kommt hierbei zum Tragen – der jeweiligen Kultur angepaßt, in der die Hexen lebten. So war zum Beispiel im europäischen Mittelalter das allgemeine Weltbild christlich geprägt, so daß die Hexe innerhalb dieses Systems als Teufelsanbeterin definiert wurde; die Hexe ihrerseits interpretierte ihre Stellung, indem sie die traditionellen Mythen der vorchristlichen Zeit dem christlichen System anpaßte.
2. *Techniken:* Die eigentlichen Tätigkeiten der Hexe waren: die Anwendung von Zaubersprüchen, Kenntnis von bestimmten Heilritualen, Wissen über Kräuterkunde. Solche Techniken wurden oft von Generation zu Generation weitergereicht. Diverse Rituale, Werkzeuge und Chemikalien wurden von ihnen eingesetzt (sowohl Heilpflanzen als auch Halluzinogene zur Erzeugung übernatürlicher Visionen).
3. *Wissenschaft:* Wissenschaftler mögen sich zwar heftig gegen die Nennung dieses Begriffs in Zusammenhang mit dem Hexenwesen wehren, doch die meisten Systeme der magischen Praxis sind in sich konsistent und mit den ihnen zugrundeliegenden Voraussetzungen relativ logisch. Diese Voraussetzungen sollten eigentlich von der Wissenschaft hinterfragt werden, und nicht die Logik.

TRADITIONELLE HEXEREI wird heute nur noch in wenigen abgelegenen Gegenden praktiziert. Doch in einigen neu entstehenden Gesellschaften (zum Beispiel den neuen afrikanischen Nationen) haben sich auch wieder Hexen gefunden, um in der neuen Gesellschaftsordnung ihren Platz einzunehmen; sie verstehen sich als professionelle Berater und erfüllen auf diese Weise alte Bedürfnisse in einem neuen Zusammenhang.

MODERNES HEXENWESEN

Die moderne Hexenbewegung ist eine der am weitesten verbreiteten und aktivsten Kräfte im neuerstarkten Okkultismus. Überall in Europa und den USA, in Südamerika und in Australien beschäftigen sich immer mehr Leute mit diversen Formen des Hexenwesens, von der rituellen Magie der zeremoniellen Roben und den rituellen Heilzeremonien hin zum nackten Tanzen, zum Drogengebrauch und zu den Tieropfern sowie allen möglichen Varianten zwischen diesen Extremen. Statistiken lassen sich nur schwer aufstellen, denn die meisten Hexengruppen gewähren Außenstehenden keinen Einblick. Schätzungen über die Größe der Bewegung reichen von einigen Hundert bis zu Hunderttausenden von Anhängern. Mit Sicherheit gibt es mehrere tausend praktizierende Hexen in Europa und den USA; es gibt kaum eine Stadt in der Welt, in der es nicht eine Hexengruppe gibt. Die Bewegung wächst weiterhin, je mehr von ihr bekannt wird und je respektabler sie wird. Die aus allen Alters- und Berufsgruppen stammenden Mitglieder lassen sich mit den Klischees aus der Mythologie oder der Literatur kaum noch beschreiben.

GLAUBENSSÄTZE

Zwar können die Glaubenssätze der Leute, die sich als Hexen oder Hexer bezeichnen, erheblich differieren, doch die meisten teilen eine bestimmte Grundanschauung bezüglich des Ursprungs und des Wesens ihres Glaubens:

1. Hexen glauben, daß ihre Religion eine Fortsetzung der Urreligion der Menschen sei. Die Urreligion war ein Fruchtbarkeitskult, der die Naturkräfte verehrte und meist durch eine weibliche Gottheit (die Urmutter, die Große Göttin, die Fruchtbarkeitsgöttin) und eine männliche Gottheit (den gehörnten Gott) personifiziert wurde. Es gab auch noch zahlreiche „kleinere" Gottheiten einschließlich der Naturgeister. Diese Religion soll aus der Steinzeit stammen, in der der Mensch der Natur noch näher stand, sich seiner Umwelt und der in ihr verborgenen Kräfte noch bewußt war.
2. Hexen glauben, daß diese Urreligion durch alle Jahrhunderte hindurch unverändert bestehen geblieben ist. Manchmal wird ihr Ursprung bis auf den untergegangenen Kontinent Atlantis zurückgeführt. Mit dem Einzug des Christentums und seiner Etablierung als offizielle Staatsreligion war die „alte Religion", wie das Hexenwesen oft genannt wird, gezwungen, in den Untergrund zu gehen und sich als Geheimtradition fortzusetzen, meist geschah das innerhalb bestimmter Familien. Moderne Hexen führen als Beweis für die Existenz dieser Untergrundtradition die Hexenverfolgungen aus dem 16. und 17. Jahrhundert an.

3. Hexen glauben, daß diese Untergrundtradition die Lehren und Praktiken der „alten Religion" – einschließlich eines elementaren Wissens von Medizin, Kräuterkunde, Heilkunde, eines traditionellen rituellen Kalenders und die geheimen, geheiligten Namen der Gottheiten – fortsetzte. Die Initiation in diese Religion wurde in einer abwechselnden Folge von Mann zu Frau und umgekehrt vollzogen.
4. Hexen glauben, mit der allgemein abnehmenden Macht der Kirche könne die „alte Religion" wieder aus dem Untergrund heraustreten und mehr oder weniger öffentlich praktiziert werden.
5. Hexen glauben, daß ihre heutige Religion eine Fortsetzung der historischen Tradition darstellt. Also einer Mischung aus der modernen Form des Glaubens der mittelalterlichen Hexen und der „alten Religion" der Menschheit darstellt.

SOLCHE ANNAHMEN können weder durch historische noch durch anthropologische Fakten bewiesen werden, doch im allgemeinen führen die Hexen an, daß ihre Authentizität gerade durch ihre geheimen Lehren, Rituale und Begriffe bewiesen wird. Diese Dinge sind geheim, man kann sie nicht Wissenschaftlern offenbaren, nur um deren Skepsis zu beschwichtigen.

MODERNE GESCHICHTE

Das moderne Hexenwesen verdankt sein Entstehen hauptsächlich den folgenden drei Personen:

1. *Margaret Murray,* einer englischen Ägyptologin, die die Theorie aufstellte, daß es schon immer eine geheime Tradition des Hexenwesens gegeben habe, die sich bis in die heutige Zeit fortgesetzt hat. In ihren Werken rekonstruierte sie die „alte Religion". Viele Anhänger des modernen Hexenglaubens entnehmen ihren Büchern die wissenschaftliche Gültigkeit für ihren Glauben. Doch Murrays Theorien sind von späteren, besser informierten Gelehrten völlig widerlegt und diskreditiert worden.
2. *Gerald Gardner,* einem Engländer, der viel im fernen Osten unterwegs war und sich für die Volkskunde der von ihm bereisten Länder interessierte. Er behauptete, 1939 in einen traditionellen Hexencoven in New Forest aufgenommen und ermächtigt worden zu sein, die alte Religion wiederzubeleben. Er gründete eine Reihe von Covens in England und schrieb mehrere recht populäre Bücher über das Thema.
3. *Alex Sanders,* auch ein Engländer, behauptet, als kleiner Junge von seiner Großmutter in die Materie eingeführt worden zu sein, um eine alte Familientradition weiterzuführen. Er nannte sich „König der Hexen", gründete viele Covens in England und wurde ziemlich bekannt.

ALLE MODERNEN HEXENGRUPPEN entnehmen zumindest einen Teil ihrer Lehren, Rituale und Traditionen diesen drei Quellen, auch wenn sie oft behaupten, sie seien davon völlig unabhängig.

PRAKTIKEN

Moderne Hexen treffen sich regelmäßig in Zusammenschlüssen, die als Covens bekannt sind. Meist besteht ein Coven aus sechs bis 20 Mitgliedern (traditionellerweise aus 13). Die Treffen, an denen nur initiierte Mitglieder teilnehmen können, finden regelmäßig statt, meist bei Vollmond, um Heilungen vorzunehmen, Zaubersprüche zu formulieren und neue Kandidaten aufzunehmen. Auch an den speziellen Feiertagen des Jahres, die sich an dem Naturzyklus der nördlichen Hemisphäre orientieren (zum Beispiel der Sommersonnwende, der Tag- und Nachtgleiche im Herbst, der Nacht zum 1. Mai, bekannt als Walpurgisnacht) kommt man zusammen, um die für diese Feiertage relevanten Rituale abzuhalten. Bei manchen Covens werden zeremonielle Roben getragen, bei anderen sind die Teilnehmer nackt, manche verwenden sexualmagische Techniken, andere sind höchst puritanisch. Die meisten Hexengruppen verschreiben sich wohl der „weißen" Magie (das heißt, sie setzen ihr Wissen für *gute* Zwecke ein), andere sind jedoch ausdrücklich *schwarz* (sie benutzen ihr Wissen für böse Zwecke, um ihre Feinde zu zerstören oder sie mit einem Fluch zu belegen). Natürlich gibt es auch Pseudogruppen, die diesen Glauben als Fassade benutzen, um Leute für sexuelle Aktivitäten, Drogen oder Erpressungen anzulocken.

Die amerikanischen Hexengruppen sind weniger auf Geheimhaltung bedacht; sie schalten sogar Anzeigen in esoterischen Zeitschriften für potentielle Mitglieder, in denen die Kontaktmöglichkeiten zu den Covens detailliert beschrieben werden.

SATANISMUS

TRADITIONELLER SATANISMUS

Der Satanismus wird üblicherweise als die Verehrung des Bösen interpretiert: eine Religion, deren „Glauben" auf eben den Prinzipien gründet, die das Christentum ablehnt. Man kann Satanismus nur in Zusammenhang mit dem christlichen Weltbild sehen, insofern existiert er nur dort, wo das Christentum verbreitet ist. Es herrscht sozusagen eine Umkehrung – der christliche Teufel wird zum Gott der Satanisten, die christlichen Tugenden werden zu Lastern, die christlichen Laster zu Tugenden. Das Leben wird als beständiger Kampf zwischen den Mächten des Lichts und der Finsternis gesehen, und die Satanisten kämpfen auf der Seite der Finsternis in dem Glauben, daß diese Seite letztlich den Sieg davontragen wird.
Unter diese Definition fielen nur sehr wenige Satanisten in der ganzen Geschichte. Die christliche Kirche hat oft viele nicht-christliche Religionen als Satanismus interpretiert und die Aktivitäten ihrer Häretiker als einen Hinweis auf satanische Anhängerschaft betrachtet. Dies galt vor allem für die frühen Gnostiker, die von vielen Kirchenleuten für Satanisten gehalten wurden, obwohl sie es nicht waren. Dennoch haben die Ideen und Prinzipien der Gnostiker (vor allem ihr dualistisches Weltbild, das heißt der Glaube an zwei entgegengesetzte Kräfte, das Licht und die Finsternis) spätere Satanisten stark beeinflußt.
Die Kirche schuf durch ihre Verfolgung von Häretikern und anderen, die sich weigerten, sich ihren strengen Lehren zu unterwerfen, ein künstliches Bild des typischen Satanisten: Er war ein Christ, der die kirchlichen Taufeide offiziell brach, die Kirche ablehnte und sich den Dingen widmete, die Christus verboten hatte. Allerdings lehnte der Satanist offensichtlich nicht das christliche Weltbild ab, da seine eigene Philosophie nur in diesem Zusammenhang bedeutungsvoll war. Die Kirche malte Bilder von exotischen und frevlerischen Riten, bei denen Männer und Frauen ihrem Glauben widersagten, einen Pakt mit dem Teufel eingingen und sich in allen möglichen entsetzlichen und unmoralischen Taten ergingen. Eine zentrale Stellung sollte die Schwarze Messe einnehmen, eine Umkehrung des zentralen Rituals des Katholizismus; aus einer Kirche wurde die Hostie gestohlen (Sinnbild für den Leib Christi), von einem ausgestoßenen Priester geweiht und schließlich

entweiht. Bei dieser Zeremonie tauchte angeblich alles auf, was die Kirche verbietet – von sexuellen Perversionen aller Art hin zu der Opferung ungetaufter Kinder und dem Rückwärtsaufsagen des Glaubensbekenntnisses. Dies alles geschah mit dem Ziel einer Umkehrung des christlichen Symbolismus (was sich auch durch das umgekehrte Kreuz auf dem Altar der Satanisten zeigte) und einer Anrufung des Teufels.

Zwar entsprangen solche Bilder größtenteils der lebhaften Phantasie der Inquisitoren, doch dennoch gab es tatsächlich einen Satanskult, vor allem im 17. und 18. Jahrhundert in Frankreich. Hier huldigten Aristokraten im verborgenen den Satanismus als eine Form der Ablehnung gesellschaftlicher Werte und zweifellos auch als Vorwand für extremen Hedonismus. Im allgemeinen agieren Satanisten immer im verborgenen – sie haben kaum einen Gewinn durch öffentliches Interesse, doch viel zu verlieren, da viele ihrer Ingredienzen ausdrücklich illegal sind (Drogen, Mord, Gewalt etc.). Dies macht sie auch in einer eher liberalen Gesellschaft durchweg unakzeptabel. So weiß man kaum etwas von den Leuten, die diesen Pfad beschritten haben. Autoren wie etwa Montague Summers haben zwar immer wieder von einem weitverbreiteten Kult des Bösen berichtet, lieferten aber kaum Beweise dafür. Die meisten dieser Gruppen waren jedenfalls keineswegs echte Satanisten, sondern nutzten die Verlockungen einer anti-christlichen Religion nur zu extremen Ausschweifungen.

Früher benutzten Individuen und Gruppen satanistische Riten immer wieder als Mittel zur Erlangung weltlicher Macht oder als symbolische Ablehnung der etablierten gesellschaftlichen Werte. Vor allem diese Gruppen, nicht die „echten" Satanisten (im Sinne derer, die wörtlich den Teufel verehrten, wie die Christen ihren Gott), haben tatsächlich einen Eindruck in der Geschichte hinterlassen. Viele Gruppen (einschließlich der Freimaurer) wurden von der Kirche als Satanisten gebrandmarkt, bei ihrem Versuch, sie zu unterdrücken. Da der Satanismus im wesentlichen eine Reaktion auf das Christentum ist, ist er außerhalb der christlichen Welt nicht als solcher bekannt. Nur in manchen östlichen Religionen (zum Beispiel der Verehrung von Shiva in Indien) soll er auch zum Ausdruck kommen. Doch in einer an sich dualistischen Religion ist die Verehrung des kreativen wie des destruktiven Aspekts einer Gottheit gleichermaßen möglich.

Viele westliche Magier (eine weitere Kategorie von Leuten, die von der Kirche ebenfalls als Satanisten hingestellt wurden) sahen den Teufel als eine Quelle der Macht, die für ihre Zwecke kontrolliert und eingesetzt werden konnte, ohne ihn tatsächlich zu verehren. Solche Leute praktizierten angeblich die „schwarze" Magie oder die „schwarzen Künste".

Doch der Begriff Satanismus sollte denjenigen vorbehalten sein, die sich bewußt dazu entschlossen haben, die Macht des Bösen zu verehren und mit ihr zu arbeiten. Allgemein wird diese Macht durch einen individuellen Teufel, Satan oder Lucifer personifiziert, unter dem viele untergeordnete Wesenheiten tätig sind. Die wenigen, die tatsächlich in diese Kategorie fielen, erarbeiteten eine ausführliche Theologie des Teufels, ähnlich der der Kirche. Dabei konzentrieren sich auch auf die Namen und Charaktereigenschaften der „kleineren Teufel", über die sie Macht gewinnen und durch die sie ihre Ziele erreichen wollten. Doch die mittelalterlichen Magier waren keine Satanisten; sie beschäftigten sich weniger mit dem Teufel als mit den unterschiedlichsten Kräften, die in einzelnen Wesenheiten personifiziert waren und mit denen sie eine Art Geschäftsbeziehung unterhielten.

MODERNER SATANISMUS

Mit dem allgemeinen Niedergang des Einflusses und der Autorität des Christentums nahm auch der traditionelle Satanismus, der sich in Opposition zu dieser Religion entwickelt hatte, ab. Doch die Renaissance des Okkulten in unserer Zeit stärkte wieder das Interesse und die Beteiligung am Satanismus, und es gibt immer mehr Bücher und Artikel zu diesem Thema. Im allgemeinen folgen moderne Satanisten jedoch nicht dem traditionellen Muster der Teufelsverehrung als Verkehrung des Gottesglaubens im Christentum. Der traditionelle Satanismus war nur dort mächtig, wo die christliche, vor allem die katholische Religion vorherrschte – man kann kaum gegen einen Gott blasphemisch sein oder die Sakramente einer Religion entweihen, an die man nicht glaubt. Moderne Satanisten kann man in mehrere Kategorien gliedern, von denen manche ineinander übergehen:

1. Die traditionellen antichristlichen Satanisten, die einen Teufel im orthodox christlichen Sinn verehren. Sie feiern Schwarze Messen, kehren die Sakramente um, entweihen Kirchen und Friedhöfe und glauben, daß der Teufel schließlich über den christlichen Gott triumphieren wird (zum Beispiel der englische *Order of Satanic Templars*).
2. Ein säkularer humanistischer Satanismus ohne einen personifizierten Teufel oder Gott, der sich auf den Menschen konzentriert. Er widersetzt sich den Restriktionen und Einschränkungen, die ihm die christliche Kultur ihm auferlegt hat. Hier werden die Sieben Todsünden als Tugenden gesehen und die traditionellen satanischen Riten als Prozesse eingesetzt, um das Individuum aus den Zwängen zu befreien (zum Beispiel die *Church of Satan* in Kalifornien).
3. Ein heidnischer Satanismus, bei dem die „Mächte der Finsternis", nicht die „Mächte des Lichts" verehrt werden, . Dieser Kult stützt sich auf alte Mythologien und Religionen (griechischen, ägyptischen oder römischen Ursprungs),

hat aber auch am Christentum ein besonderes Interesse. Solche Gruppen nennen sich meist „heidnisch" und betrachten ihre Aktivitäten als neue Religion (zum Beispiel der *Ophitic Gnostic Cultus*).

4. Satanische Hexengruppen, die die Traditionen und Rituale des modernen Hexenwesens als Basis für eine leicht abgeänderte Hexentradition nehmen. Der „gehörnte Gott" wird hier als der Teufel des Christentums und als mächtigere, verehrungswürdigere Gestalt gesehen. Die Techniken des Hexenwesens (Flüche etc.) werden benutzt, um das zu praktizieren, was als traditionelle, historische Religion interpretiert wird (zum Beispiel die *Satanic Brotherhood*).
5. Ein hedonistischer Satanismus, bei dem Rituale, Drogen und sexuelle Techniken zur sinnlichen Befriedigung eingesetzt werden und eine Moralität auf der Basis von Lust gefordert wird. Es sind vage religiöse Anklänge spürbar, aber solche Gruppen haben keine philosophische Grundlage und betreiben ihre Aktivitäten eher zur persönlichen Befriedigung (umso mehr, als sie in den Augen der Gesellschaft „böse" sind) denn als religiöse Handlung. Solche Gruppen sind meist klein und machen nur selten in der Öffentlichkeit von sich reden.

GLAUBENSSÄTZE

Satanisten gehen im allgemeinen von der Existenz zweier Mächte in der Welt aus, traditionell als „schwarz" und „weiß" bzw. in der christlichen Terminologie als gut und böse gesehen. Die Satanisten ordnen „weiß" der etablierten Religion zu und lehnen diese Macht von daher ab. Sie bevorzugen das Gegenteil, predigen also lieber sinnliche Befriedigung als Askese, eine Ausrichtung auf das Selbst und nicht eine Aufopferung des Selbst etc. Sie glauben, daß die Mächte der Finsternis (ob nun personifiziert oder nicht) lebensspendend sind und sich die „weiße" Religion vor ihnen fürchtet.

Die Sexualität ist wichtig, weil sie im Christentum unterdrückt wird und weil sie Macht, Befriedigung und Lust verspricht. Satanisten glauben natürlich, daß die Mächte der Finsternis letztlich den Sieg davontragen werden, und sehen sich selbst als mächtige, männliche, starke Individuen, im Gegensatz zu der schwachen, gehemmten, ängstlichen Masse. Sie glauben, daß der Mensch, wenn er denn die Kräfte besitzt, zu heilen und zu segnen, auch die Kraft zu töten und zu verfluchen hat und sie zu seinem Nutzen einsetzen sollte. Sie lehnen die konventionelle Moral ab und glauben, daß das Überleben und die eigene Befriedigung die wichtigsten Ziele des Menschen seien, unabhängig davon, ob andere dabei zu Schaden kommen. Manche Satanisten haben Mythologien entwickelt, um ihre Lehren zu erklären, die sich meist auf den legendären Fall Satans und seine darauffolgende Herrschaft in der Welt sowie den zukünftigen Sieg und die Rückkehr zu einer Herrschaft im Himmel beziehen. Sie nehmen an, daß seine Macht allmählich wächst, und arbeiten mit ihm zusammen in der Hoffnung auf einen Lohn, sowohl materieller Art im Hier und Jetzt als auch in einem zukünftigen Leben.

MODERNE GESCHICHTE

Da Satanisten die grundlegenden gesellschaftlichen Werte und Verhaltensnormen ablehnen, waren sie immer zu Geheimhaltung gezwungen. Die Gruppen waren meist klein und geheim, weshalb ihre Geschichte kaum belegt ist, es sei denn, sie gerieten mit dem Gesetz in Konflikt. Heute formieren sich in Europa und den USA immer neue Gruppen, die die Permissivität der modernen Gesellschaft nutzen. Manche von ihnen sind ziemlich bekannt geworden; die bekannteste dürfte wohl die von *Anton La Vey* 1966 in Los Angeles gegründete *Church of Satan* sein, die momentan mehrere tausend Mitglieder in den USA hat. Einige andere Gruppen eifern dieser Gruppe nach, manche haben auch Coven der schwarzen Magie gegründet. Die Bande um *Charles Manson,* die eine bizarre Mischung aus Satanismus und Okkultismus praktizierte, konfrontierte Amerika mit dem Satanismus in seiner übelsten Form. Je mehr Menschen die traditionellen Werte der Gesellschaft, ihre Religion und Moral ablehnen, desto größeren Zulauf werden Gruppen wie die Satanisten haben.

PRAKTIKEN

Traditionellerweise benutzen Satanisten Rituale, um sich materiellen Nutzen zu verschaffen, Feinde zu verfluchen und Macht zu erlangen. Solche Rituale bestehen meist aus Worten und Handlungen, die die allgemeinen gesellschaftlichen Werte umkehren (zum Beispiel perverses sexuelles Verhalten, Verschmieren von Exkrementen, Verdrehung des Kreuzes). Sie symbolisieren die von ihnen verehrte Finsternis durch schwarze Kleidung und sonstige schwarzen Kultobjekte, etwa Kerzen. Sexuelle Aktivitäten, durchaus auch sado-masochistischer Art, und Drogen dienen der sinnlichen Stimulation. Die Mitglieder treffen sich meist in „Covens“ oder auch „Logen“; diese Organisationen sind streng geheim (ausgenommen die *Church of Satan,* die etwas durchlässiger ist) und lassen nur Adepten zu, die sich lange auf ihren Eintritt vorbereitet haben. Manche Satanisten folgen den traditionellen okkulten Mustern in ihren Ritualen und halten bei Vollmond und den wichtigen Feiertagen des Hexenkalenders ihre Zeremonien ab.

VOODOO

Voodoo bezeichnet die afrikanisch-christliche Volksreligion in Haiti, Südamerika und der Karibik. Sie wurde von afrikanischen Sklaven in diese Gegenden gebracht. Es gibt ein ausgedehntes Pantheon von Göttern und Göttinnen, die bei religiösen Zeremonien in die Körper ihrer Anhänger eintreten sollen. Mit den Sklaven verbreitete sich diese Religion bis in einige amerikanische Südstaaten. Wo immer die Sklaven hingelangten, vermengten sie ihre traditionellen afrikanischen Religionen mit dem lokalen Glauben. Im Voodoo gibt es auch diverse magische Techniken, mit denen bestimmte Ziele erreicht werden sollen. So etwa das Eindringen der Götter in ihre „Verehrer", um ihnen hellseherische Fähigkeiten zu verleihen und sie zu beschützen. Die magischen Techniken heißen *obeah*.

Der Voodoo-Kult wird oft fur ein Gemisch aus furchteinfloßendem Aberglauben und Praktiken der Schwarzen Magie gehalten. Für einen Außenstehenden mag er durchaus auch so erscheinen, denn einen Großteil seiner Macht verdankt er der Angst, die er bei seinen Anhängern auslöst. Dennoch liegt dem Voodoo-Kult eine ausführliche, komplizierte Theologie und ein komplexes metaphysisches System von Erklärungen zum Menschen und der Welt zugrunde. Nur die Priester kennen dieses System wirklich, denn sie durchlaufen eine lange Lehrzeit und eine Reihe von Initiationen. Sie sind die Handlanger der „Unsichtbaren" bzw. der Götter (*loa*) und können sie bis zu einem gewissen Grad kontrollieren und lenken; wenn ein *loa* sie in Besitz genommen hat, können sie auch Orakel abgeben. Die Priester müssen sich gleichermaßen in „weißer" wie in „schwarzer" Magie auskennen und dürfen nie vergessen, daß die *loa* sowohl mächtig als auch eifersüchtig sind und diejenigen, in die Sie fahren, auch zerstören können. Um die benötigten übernatürlichen Kräfte zu besitzen, muß der Priester das große Risiko eingehen, sich auf Kräfte einzulassen, die nicht unbedingt wohlwollend sind und ihre Einstellung zu den Anhängern überraschend häufig ändern können. Das Pantheon von Gottheiten im Voodoo enthält viele westafrikanische Stammesgötter, aber ebenso einige unerwartete „Neuankömmlinge" – in Gegenden, in denen der Katholizismus dominant oder zumindest respektiert ist, sind viele katholische Heilige in das Voodoo-Pantheon eingegangen. Voodoo ist niemals eine ausschließende Religion; der Kult hat immer auch andere Glaubenssysteme in sein eigenes aufgenommen. Ein Voodoo-Anhänger kann eine römisch-katholische Messe besuchen, ohne sich fremd zu fühlen; er interpretiert die Messe nur anders als die übrigen Gläubigen.

Bei den typischen Voodoo-Ritualen spielt Musik eine große Rolle, vor allem das Trommeln, das auf die Gläubigen einen hypnotischen Effekt hat. Der kraftvolle, rhythmische Tanz führt zur Ekstase, oft auch zu einem Zusammenbruch oder dazu, von einem der Götter in Besitz genommen zu werden. Manche Zeremonien stehen nur den eingeweihten Mitgliedern offen, die bereits komplizierte rituelle Prozesse durchlaufen haben, in denen sie gleichermaßen die Voodoo-Philosophie sowie die Namen der Gottheiten und die rituellen Techniken gelernt haben. Wie bei allen Initiationen spielt hier der rituelle Tod und die Wiedergeburt eine Rolle. Zwar war der Voodoo-Kult ursprünglich die Religion der Sklaven, aber mit der Abschaffung der Sklaverei ist er nicht ausgestorben, sondern ist nach wie vor eine der größeren religiösen Bewegungen in der Karibik, vor allem in Haiti. Der Umbanda-Kult in Brasilien ist ein direkter Nachfahre des Voodoo, und der südamerikanische Spiritismus ist ebenfalls davon beeinflußt worden. Auch in den amerikanischen Südstaaten entstanden dank dem wiedererstarkten Interesse am Okkulten eine Reihe von mehr oder weniger authentischen neuen Voodoo-Gruppen. Voodoo-Kultgegenstände können dort in den Geschäften gekauft werden.

ÖSTLICHE MYSTIK

In den letzten Jahren interessieren sich immer mehr Menschen aus dem Westen, vor allem junge Leute, für die Lehren und Praktiken der östlichen Mystik. Dies führte zur Gründung von mehreren Schulen, die behaupten, diese Traditionen zu lehren: von den orangegewandeten Hare-Krishna-Anhängern über Sikhs und Buddhisten hin zu selbsternannten Gurus aus Indien. Doch völlig neu ist dies alles nicht; etwa zur selben Zeit, als der Spiritismus populär wurde, machten sich auch immer mehr westliche Gelehrte darüber Gedanken, daß der Osten mehr anzu bieten habe als vermeintliche Barbarei und kruden Aberglauben. In dieser Zeit wurden im Westen auch die ersten Bücher zu den östlichen Lehren und Religionen veröffentlicht.

Man kann dies mit zwei Ereignissen in Verbindung bringen – der Gründung der *Theosophischen Gesellschaft* 1875 und der *Kolumbus-Ausstellung* 1893 in Chicago. Die Theosophische Gesellschaft beschäftigte sich ausgiebig mit orientalischer Philosophie. Ihre Gründer stellten Indien und Tibet immer wieder als Quellen okkulten Wissens in den Vordergrund. Viele Ideen aus dem Osten (etwa die Reinkarnation) wurden dadurch im Westen verbreitet, was eine Beschäftigung mit den östlichen Grundlagenwerken, die bis dahin ausschließlich Wissenschaftlern und Akademikern vorbehalten gewesen waren, förderte.

Auf der Kolumbus-Ausstellung fand ein Weltparlament von Religionen statt, auf dem ein enormes Spektrum von Weltanschauungen und Glaubensrichtungen vorgestellt wurde. Doch zuvor hatte schon ein anderer östliche Glaubensrichtungen dem Westen vorgestellt: der indische Mystiker *Vivekananda,* ein Swami und Schüler Ramakrishnas, der 1836 starb. In Amerika wurde die *Vedanta-Gesellschaft* gegründet und fand rasch im ganzen Land Anhänger. Dies war der eigentliche Anfang einer missionarischen Bewegung des Ostens im Westen, die später noch weitreichende Auswirkungen haben sollte.

Die östliche Mystik ist eine beliebte Alternative zu den traditionellen westlichen Philosophien. Der Erfolg der ersten Bewegungen inspirierte viele weitere, unterschiedlich authentische und mehr oder weniger bedeutende östliche „Missionare", im Westen tätig zu werden. In den sechziger und siebziger Jahren erreichten diese Bekehrungsaktivitäten wohl ihren ersten Höhepunkt. Man interessierte sich für die Meditation und den Vegetarismus, für Räucherstäbchen und Perlen, für Mantrameditationen und die östlichen Werke, was zweifellos auf die wenigen Anhänger, die diese Oberfläche durchdrungen und zu den darunterliegenden Schichten gelangt sind, auch tiefergehende Auswirkungen hatte.

Die bedeutendsten Gruppen und Individuen in diesem Bereich sind:

- *Die Vedanta-Gesellschaft:* Ursprünglich von Vivekananda ins Leben gerufen, hält sie auch heute noch überall in den Vereinigten Staaten Vorträge und Unterricht ab. Sie verfügt über mehrere Ashrams und Konvente. Die von ihr vertretene Philosophie basiert auf den Veden.
- *A'nanda Ma'rga:* 1955 von Shri Anandamurti gegründet, um die Lehren des Tantrismus und des Astanga-Yoga sowie der Meditation zu verbreiten. Die Bewegung verfügt über Kommunen und Zentren in vielen Städten in der ganzen Welt. Sie unterhält Schulen und betätigt sich in unterschiedlichen sozialen Bereichen.
- *Baha'i:* Die Anhänger von Baha Ullah, der 1863 erklärte, von Gott als göttliche Manifestation auserwählt worden zu sein. In dieser Sekte wird die Einheit und Gleichwertigkeit aller Religionen gepredigt. Man bemüht sich darum, die Menschheit in einer Religion und einer politisch-gesellschaftlichen Ordnung zu vereinen. Die Bewegung ist auf der ganzen Welt verbreitet.
- *International Society for Krishna Consciousness* – besser bekannt als *Hare-Krishna-Bewegung*: Bei ihren Anhängern soll der ekstatische Zustand des Krishna-Bewußtseins erweckt werden. Es wird der heilige Name Krishnas als Mantra rezitiert und viel missioniert. Die Bewegung wurde 1966 von A. C. Bhaktivedananda Swami Prabhupada gegründet, der behauptet, Teil einer langen Folge von Krishna-Inkarnationen zu sein, die er bis auf Sri Chaitanya, einen indischen Heiligen des 16. Jahrhunderts, zurückführt.
- *Krishnamurti:* Ein indischer Philosoph und Mystiker, der die Theosophischen Gesellschaft verließ, die ihn darauf vorbereitet hatte, zum Weltenlehrer zu werden. Er wurde ein Lehrer nach seinem eigenen Geschmack und reiste viel herum, um seine höchst individualistische Philosophie zu verbreiten. Er wehrte sich gegen alle Versuche, ihn als Guru hinzustellen, denn er glaubte, jeder Mensch müsse die Wahrheit selbst finden, und widersetzte sich allen Institutionen und definierten Glaubenssystemen.
- *Meher Baba:* Indischer Guru, der sich als Inkarnation Gottes sah, und zwar sowohl von Krishna als auch von Christus. Er betrachtete es als seine Aufgabe, die Menschheit zu retten. Trotz seiner angeblichen Unsterblichkeit starb er, was die Mehrheit seiner weltweiten Anhängerschaft jedoch gut verkraftete. Seine Lehren werden weiter verbreitet.
- *Transzendentale Meditation:* Nennt man die Lehren des Gurus Maharishi Mahesh Yogi, die sich rasch in der ganzen Welt verbreiteten. Die positiven Auswirkungen dieser Meditation auf die Leistungsfähigkeit und die Gesundheit der Meditierenden sind wissenschaftlich erforscht worden. In einer Initiation wird dem Schüler von einem ausgebildeten Lehrer ein Mantra gegeben, auf das er

sich immer wieder konzentrieren muß. Nach den wissenschaftlichen Untersuchungen wurde diese Technik auch in einigen Schulen und Hochschulen in den USA, aber auch in Europa, propagiert bzw. gelehrt.

DIE IM WESTEN ständig zunehmende Menge östlicher Lehren und Traditionen kann allgemein in drei Kategorien unterteilt werden:

1. *Lehren indischen Ursprungs:* Hier werden die Meditation, die Bhagavadgita, die Veden und ähnliche Schriften in den Vordergrund gestellt. Oft gibt es einen Guru, der behauptet, göttlich inspiriert zu sein, und großen Wert auf die für die indischen Schulen charakteristische enge Beziehung zwischen Guru und Schüler legt.
2. *Yoga:* Es gibt ein großes Spektrum von Gruppen, die Yoga-Traditionen von Hatha (körperliche Übungen) hin zu Raja (geistige Übungen) praktizieren. Die bedeutenderen Lehrer stellen jedoch fest, daß solche Aufteilungen eher künstlich sind und jegliches Entwicklungssystem auf einer ganzheitlichen Sicht des Menschen basieren sollte. Hatha-Yoga ist im Westen eine zunehmend beliebtere Alternative zu den hektischen Aktivitäten, die das westliche System der Körperertüchtigung charakterisieren.
3. *Zen:* Der Zen-Buddhismus stammt aus Japan und stößt bei vielen Menschen im Westen auf erhebliches Interesse. Diese sehen in der tiefgründigen Paradoxie des Zen eine erfrischende Abwechslung von der Kopflastigkeit, wie sie in den meisten westlichen Philosophierichtungen zum Ausdruck kommt.
4. *Tibetischer Buddhismus:* Tibet ist seit den Anfängen seines Kontakts zum Westen und den Behauptungen der Theosophischen Gesellschaft ein geheimnisvoller und faszinierender Ort. Wahrscheinlich auch deshalb, weil Tibet so unerreichbar scheint und man so wenig darüber in Erfahrung bringen kann, auch viele große Meister wohnten dort. Gurus in der tibetischen Tradition reichen von kommerziellen Lamas wie Lopsang Rampa bis zu einer Reihe von durchaus seriösen buddhistischen Mönchen, die Zentren im Westen gegründet haben.
5. *Buddhismus:* Vor allem gebildete Intellektuelle fühlen sich zum Buddhismus hingezogen, denn sie finden hier ein religiöses System ohne das traditionelle westliche Konzept des Übernatürlichen bzw. Gottes. Die buddhistische Gesellschaft in England ist eine alte, höchst respektable Organisation, der eine Reihe von hervorragenden Gelehrten wie etwa Christmas Humphries angehörten. Sie neigt schon durch ihre Glaubensgrundlagen nicht zu den missionarischen oder sonstigen exotischen Aktivitäten, die andere östliche Sekten charakterisieren.

DER ÖSTLICHE EINFLUSS AUF DAS OKKULTE

Das aktuelle Interesse am Okkulten ist nahezu das gleiche, wie es sich vor 100 Jahren schon einmal in England zeigte. Die gesellschaftlichen und religiösen Symptome ähneln sich in vielen Aspekten. In den achtziger Jahren des letzten Jahrhunderts fand eine Diskussion zwischen fundamentalen Christen und der Wissenschaft statt. Die Menschen, die die totale Autorität der Wissenschaft nicht akzeptieren konnten, hatten das Gefühl, sie müßten sich für einen alternativen Glauben entscheiden. Manche wandten sich den Mormonen oder der Christian Science zu, andere fanden in der Theosophie eine Synthese von wissenschaftlichem Wissen und vergleichender Religion. In England studierte die esoterische Sektion der Theosophischen Gesellschaft die hermetischen Wissenschaften, und Autoren wie G. R. S. Mead untersuchten die gnostische Literatur. In der Zwischenzeit entwickelte sich der Hermetische Orden der Goldenen Dämmerung als rivalisierende Gruppe. Wenn man in den westlichen Mysterien unterwiesen werden wollte, mußte man sich für eine dieser Gruppen entscheiden.

Die Goldene Dämmerung nahm einige östliche Elemente in ihre magischen Praktiken auf, etwa das I-Ging-Orakel oder die Tattvas. Doch die okkulten Wissenschaften gingen eigentlich auch von östlichen Konzepten zum Menschen, den Quellen seiner kosmischen Energie und den Methoden seiner spirituellen Entwicklung aus.

DAS KONZEPT DES MENSCHEN

In der gleichen Weise, in der Hindus und Buddhisten annehmen, daß das Bewußtsein des Menschen nur ein Tropfen im Ozean von Brahma oder dem Nirwana ist, vertreten moderne Okkultisten und Magier die Auffassung, daß der Mensch die Last auf seinen Schultern trägt, sein Bewußtsein zu erweitern. In *Magick* schrieb Aleister Crowley, jeder Mensch sei ein Stern. Wie die indischen Tantriker glaubte Crowley, daß ein ausgeglichener Mensch in sich beide sexuellen Polaritäten vereine. Deshalb führte er auch homosexuelle Aspekte in die okkulten Rituale des Or-

do Templi Orientis ein. Victor Neuburg, ein Dichter und Schüler Crowleys, stellte fest, daß Crowley dem *Göttlichen Androgynen* besondere Bedeutung schenkte; dem Wesen, das die dualistischen Begrenzungen überschreitet.
Anders als das Christentum, das die Barmherzigkeit und den Glauben in den Vordergrund stellt, und auch anders als der Islam, der die Unzulänglichkeit des Menschen vor Allah betont, folgt die moderne Magie dem buddhistischen Glaubenssatz, daß die Wurzel allen Leidens das Unwissen ist. Deshalb betont die Magie, daß der Mensch nach Selbsterkenntnis streben muß und sich mit den tieferen Bereichen seines Bewußtseins, die sich ihm durch Meditation und ähnliche Methoden öffnen, vertraut machen muß.

DIE QUELLE DER KOSMISCHEN ENERGIE

Die Magie übernimmt die Unterscheidung zwischen Mikro- und Makrokosmos, die auch im Yoga getroffen wird und bei der ein Aufsteigen der Kundalini-Energie durch das zentrale Nervensystem bis hin zur Krone (dem universellen Bewußtsein) gefordert wird. Die Kabbala, auf der die moderne Magie gründet, hat vielleicht einige ihrer östlichen Konzepte von den Handlungsreisenden übernommen, die viele hundert Jahre vor Christus aus dem Osten ins Heilige Land kamen. Selbst wenn dies nicht der Fall ist, hat sie doch einen sehr ähnlichen mystischen Rahmen. Adam Kadmon, die jüdische Vorstellung vom ursprünglichen Menschen, vereint in seinem Körper sämtliche Bewußtseinsebenen. Der Mystiker hat die Aufgabe, sein Bewußtsein bis zu dem Punkt von Kether, dem Chakra, das alle Dualitäten und Widersprüche überwindet (und dadurch vergleichbar mit dem Nirwana ist), zu steigern.
Das, was im Yoga *Sushumna* heißt, der Hauptenergiekanal des Körpers, der auf der physischen Ebene der Wirbelsäule entspricht, mit seinen polaren Energien von *Ida* (männlich) und *Pingala* (weiblich), hat ein magisches Äquivalent, die *Säule der Mitte*. Im okkulten Sinn repräsentiert sie alle harmonisierten oder „neutralen" Bewußtseinsstufen (Sephiroth), die sich in der Mitte des Baums des Lebens treffen. Diese Stufen sind: *Malkuth* (der Grund), *Jesod* (Sexualität), *Tiphereth* (Harmonie, Liebe), *Daath* (Wissen) und *Kether* (kosmisches Bewußtsein). In der Magie werden Rituale oder die Meditation eingesetzt, um diese Ebenen zu erreichen.
Östliche Konzepte der Körperstellungen und Mantren werden in der Magie ebenfalls eingesetzt. Im Yoga heißen diese Stellungen *Asanas* und dienen der Reinigung

der Nervenbahnen und der Muskelkontrolle des Schülers (*Chela*). Im Hatha-Yoga gibt es eine Vielzahl von Asanas, und einige davon werden auch in der Magie praktiziert. Man darf hierbei nicht vergessen, daß in der Magie westliche Gottheiten und Mythologien, vor allem aus dem alten Ägypten, eine Rolle spielen. So werden hier die Stellungen dieser Gottheiten nachgeahmt, die meist auf einem Thron saßen. Die vollendete Yoga-Stellung ist der Lotussitz, bei dem der Yogi nicht auf einem Stuhl, sondern auf dem Boden sitzt, und das Gesäß, nicht die Füße, mit dem Boden Kontakt hat.

Doch so, wie der Yogi Mantren wie *Om mani padme hum* rezitiert, benutzt auch der Magier die heilige Kraft des Klangs, hier jedoch die sogenannten göttlichen Namen aus der Kabbala. Mantren wie *Elohim, Shaddai, Adonai* sind alles Namen Gottes, die das Bewußtsein auf ein spirituelles Ideal hin lenken sollen.

Nicht zuletzt wird in der Magie oft die östliche Auffassung der Reinkarnation vertreten, nicht der im Westen verbreitete Glaube der Auferstehung. In der Reinkarnationslehre hat der Mensch in seinem Leben die Aufgabe, bestimmte spirituelle Lehren zu verstehen. Er entwickelt sich allmählich bis zu einem Punkt, an dem eine weitere körperliche Inkarnation nicht mehr notwendig ist. So lehrt auch die Magie, daß der Mensch für seine eigene geistige und spirituelle Entwicklung verantwortlich ist. Es liegt an ihm, sein Leben ins Reine zu bringen, und letztlich ist er für alle seine guten wie schlechten Taten verantwortlich *(Karma)*. So verläßt sich der Magier also nicht auf einen Akt der Gnade Gottes, sondern fühlt sich vielmehr verpflichtet, sich aktiv um höhere Stufen des spirituellen Verständnisses zu bemühen. Wie der Yogi glaubt auch er, daß der Pfad ihn nach innen führt, und sucht nicht nach außenstehenden Göttern oder Rettern zu seiner Unterstützung.

THEOSOPHIE

Meist denkt man bei „Theosophie" nur an die *Theosophische Gesellschaft.* Doch die Theosophie hat viel ältere Ursprünge. der Begriff stammt aus dem Griechischen – *theos* (Gott) und *sophia* (Weisheit). Einige altgriechische und später dann auch westliche Philosophen wollten damit auf ein spezielles göttliches Wissen hinweisen, ähnlich wie es die Gnostiker für sich in Anspruch nahmen. Allmählich bildete sich dann die Vorstellung heraus, daß dieses geheime Wissen, eine esoterische, „innere" Philosophie, bekannt als „die uralte Weisheit" oder eben „Theosophie", über alle Zeiten hinweg überliefert wurde.

Dieses Konzept wurde im späten 19. Jahrhundert von einer russischen Adligen, Madame *Helena Petrowna Blavatsky,* bekannt gemacht, deren Werke auf großes Interesse stießen, jedoch auch sehr umstritten waren. Auf ihrem Monumentalwerk *Geheimlehren* basieren die meisten Lehren der Theosophischen Gesellschaft. 1875 gründete Madame Blavatsky zusammen mit Henry Steele Olcott in New York die Theosophische Gesellschaft, die in den folgenden Jahrzehnten wesentlichen Anteil daran hatte, daß das Interesse am Okkulten wieder auflebte, und durch die östlichen Religionen und Philosophien weiten Kreisen im Westen bekannt gemacht wurden. Obwohl die Theosophen ursprünglich auf Dogmen verzichten wollten, entwickelten sie doch bald eine besondere Art der Lehre, die sie vor allem an die indische Philosophie anlehnten. Diese Lehre umfaßte angeblich eine „uralte Weisheit", die einerseits historisch überliefert sein, andererseits aber auch von zeitgenössischen Autoritäten stammen sollte: von den „Meistern", Männer, die die Vollkommenheit erreicht hatten und nun andere lehrten und leiteten. In den Anfangszeiten der Theosophischen Gesellschaft wurde behauptet, daß man regelmäßigen Kontakt zu diesen Meistern habe und auch geheimnisvolle Briefe von ihnen erhielte.

Inmitten der okkulten Renaissance wuchs die Gesellschaft rapide und verbreitete sich auf der ganzen Welt. Schließlich wurde der Hauptsitz in Adyar Indien errichtet, wo er noch heute besteht. Die Gesellschaft veröffentlichte zahllose Werke und gründete Logen in den meisten Ländern. Innerhalb der Gesellschaft entwickelte sich die „östliche Schule" oder „esoterische Sektion", zu der nur ausgewählte Mitglieder zugelassen waren, die die geheimen Lehren weitergaben.

Nach Blavatskys Tod übernahm *Annie Besant* die Führung und legte noch mehr Gewicht auf die östliche Philosophie. In den USA formierten sich mehrere Splittergruppen. Heute hört man nur noch wenig von den Theosophen, wahrscheinlich weil es ihnen an so charismatischen Führern wie Blavatsky, Besant und Leadbeater mangelt. Zu ihrem Zerfall beigetragen hat wohl auch das Engagement für eine messianische Bewegung, die sich auf *Jiddu Krishnamurti* konzentrierte. Nachdem dieser den messianischen Anspruch zurückgewiesen hatte, verließen viele Mitglieder enttäuscht die Gesellschaft. Einer der wichtigsten Abtrünnigen dieser Zeit, der deutsche Esoteriker *Rudolph Steiner,* gründete aus diesen Gründen seine eigene Organisation, die *Anthroposophische Gesellschaft.*

I GING

I Ging, das Buch der Wandlungen, eines der ältesten Bücher der Welt, stammt etwa aus dem Jahre 1000 v. Chr. Schon Konfuzius und die Taoisten schätzten es sehr und behandelten es ehrfurchtsvoll als heiliges Buch.

Bei der Wiederentdeckung der Geheimwissenschaften stößt ebenfalls die Wahrsagung auf starkes Interesse, und so ist es nicht überraschend, daß die Befragung des I Ging in esoterischen Kreisen zu einem beliebten Zeitvertreib wurde. Man wird dem Werk damit jedoch nicht gerecht, denn eigentlich ist es als ernster Führer durch das Leben gedacht, nicht als Nachschlagewerk, mit dem man oberflächliche Neugier befriedigen und einfach nur die Zukunft vorhersagen kann.

Mehrere Kommentatoren, darunter auch C. G. Jung und John Blofeld (der bekannte Übersetzer buddhistischer und taoistischer Texte), stellten fest, daß die Orakelbefragung scheinbar immer treffende Antworten geben kann. Sie fügen jedoch hinzu, daß das Orakel nur auf ernste Fragen eine Antwort hat, die mit großer Einfühlungsgabe und Intuition interpretiert werden muß.

Grundsätzlich basiert das I Ging auf der Philosophie des Wechselspiels der *Yin-* und *Yang*-Energien im Universum. *Yin* repräsentiert die Erde, das Passive, Feminine, Nachgiebige, Schwache und Dunkle, verallgemeinernd das Negative. *Yang* repräsentiert den Himmel, das Aktive, Maskuline, Starke, das Licht, also das Positive. Weitere wichtige Konzepte im I Ging beziehen sich auf *T'ai Chi,* das Zentrum der Dinge – eine Art von absoluter, göttlicher Ruhe – und *Tao,* den Weg. Im I Ging finden wir den richtigen Kurs für zukünftiges Handeln. Erfahrene Kommentatoren behaupten, daß die gestellte Frage und die Absicht, in der sie gestellt wurde, eine intuitive Antwort hervorbringt, die ihrerseits auf die Gezeiten der Wandlungen in der Welt reagiert. So ist die Zukunft nichts Statisches, sondern etwas, das aus dem Hier und Jetzt entsteht. John Blofeld stellte fest, daß der Befragende mit Hilfe des Orakels das Wirken von Tao in sich selbst erkennen kann, so daß eine ernsthafte, in der richtigen Absicht gestellte Frage eine symbolisch ausgedrückte Antwort liefert, die mit den spirituellen Aspekten des menschlichen Potentials im Einklang steht. So liefert das I Ging also keine reine „Wahrsagung", sondern vielmehr einen für den Befragenden angemessenen zukünftigen Handlungsweg, basierend auf den kosmischen Gezeiten des Positiven und des Negativen, die unser Schicksal bestimmen.

Für die Orakelbefragung werden Halme oder Münzen verwendet, die so geworfen werden, daß sie letztlich ein *Hexagramm* bilden. Ein solches Hexagramm – insgesamt gibt es 64 Möglichkeiten – besteht aus sechs verschiedenen Linien, die entweder Yin oder Yang symbolisieren und sich von unten nach oben (das heißt von der Erde zum Himmel) aufbauen. Die Deutung der einzelnen Hexagramme kann im I Ging nachgelesen werden.

Aleister Crowley befragte das I Ging regelmäßig. Aber auch in den sechziger Jahren ist es als ein Symbol der Rock-Kultur wieder sehr bekannt geworden. Die Sängerin und Schauspielerin *Marianne Faithful*, zeitweilige Begleiterin von Mick Jagger, befragte das Orakel häufig. Besonders dann, wenn sie sich Sorgen um das Schicksal von Brian Jones machte, der sich seinen Freunden entfremdete und stark drogenabhängig geworden war. Wann immer sie das Orakel mit dem Gedanken an ihn befragte, bekam sie als Antwort Wasser und „Böses", was sie auch Mick Jagger berichtete. Im Juli 1969 bewahrheitete sich dieses Orakel: Jones, im Tierkreiszeichen Fische geboren, ertrank in einem Swimmingpool.

ASTROLOGIE

Der Mensch war schon immer überwältigt von den Wundern der Sonne und des Nachthimmels, die auch heute noch – im Zeitalter der Weltraumforschung – kaum etwas von ihrem Mysterium eingebüßt haben. Erst personifizierte der Mensch das Universum, dann ging er eine Beziehung zu den Himmelskörpern ein und räumte ihnen einen Einfluß über sein Leben ein. Die Astrologie beschäftigt sich mit der Beziehung zwischen den Himmelskörpern und der Erde, zwischen dem Menschen und den Planeten. Sie ist eine der ältesten Wissenschaften und spielte in jeder Hochkultur (von Ägypten und Babylon hin zu Indien, China sowie Südamerika) eine wichtige Rolle. Astrologische Betrachtungen der Himmelskörper führten schließlich zu der wissenschaftlichen Disziplin der Astronomie. Die Regeln, Methoden und Prinzipien der Astrologie entstanden über Jahrtausende hinweg und beruhen auf der Überzeugung, daß die Planeten einen Einfluß auf die Erde und ihre Bewohner ausüben. Jeder Mensch steht unter dem Einfluß der zum Zeitpunkt seiner Geburt herrschenden kosmischen Situation, und seine Eigenschaften können zu einem großen Teil von dieser Situation bestimmt werden. Angesichts des heutigen Wissens über die Einflüsse kosmischer Strahlungen auf die Erde sind die astrologischen Theorien gar nicht mehr so abwegig, auch wenn man einwenden könnte, daß der Zeitpunkt der Empfängnis (bei dem der Einfluß der kosmischen Strahlung einsetzt) wichtiger sein könnte als der Augenblick der Geburt. In der Astrologie werden den Planeten und ihren unterschiedlichen Konstellationen verschiedene Einflüsse zugeschrieben. In einer „Karte" werden die Positionen eingetragen, die die Himmelskörper zum Zeitpunkt der Geburt einnahmen, um die planetarischen Einflüsse auf den betreffenden Menschen zu bestimmen. Das sogenannte *Horoskop* hängt jedoch stark vom Wissen über den genauen Ort und Zeitpunkt der Geburt ab. Allgemein gesprochen steht jeder unter dem Einfluß von zwölf Tierkreiszeichen, je nach dem Zeitpunkt seiner Geburt, doch die subtileren Einflüsse der Planeten und deren Konstellationen haben eine große Variation dieser grundlegenen Typen zur Folge. Das beliebte Zeitungshoroskop ist nur eine ziemlich grobe Form der wissenschaftlichen Astrologie, die eine mathematisch präzise Technik ist, bei der astronomische Daten eingehend analysiert werden. Die Ergebnisse sind bei jedem einzelnen einzigartig (es sei denn, zwei Menschen wurden zu genau derselben Zeit an genau demselben Ort geboren). Es gibt zwei Arten der Astrologie:

1. *Mundanastrologie:* Sie befaßt sich mit Ereignissen großen Maßstabes, etwa Kriegen, Naturkatastrophen, politischen und gesellschaftlichen Strömungen. Mun-

danastrologie basiert auf der Annahme, daß kosmische Einflüsse große Gruppen von Menschen, ja de facto die physische Struktur der Erde, betreffen. Es können Horoskope für Nationen, Gesellschaften und sogar Volksgruppen erstellt werden, doch diese sind natürlich viel ungenauer als das Horoskop für den einzelnen Menschen.

2. *Astrologie des günstigen Augenblicks:* Sie geht davon aus, daß nicht nur für ein zu einem speziellen Zeitpunkt an einem bestimmten Ort geborenes Individuum, sondern für alles, was ins Leben gerufen werden soll, ein Horoskop erstellt werden kann. Es soll auf diese Weise abgeschätzt werden, ob ein bestimmtes Unternehmen in einem festgelegten Zeitraum ratsam ist.

DIE ASTROLOGIE ERHEBT DEN ANSPRUCH, eine exakte Wissenschaft zu sein, und so lassen sich ihre Grundlagen weder einfach abstreiten noch unterstützen. Jedenfalls sollte man bei ihrer Beurteilung weder von Zeitungshoroskopen noch von den bekannten Astrologen ausgehen.

Eine der Grundlagen der Astrologie besagt, daß das Universum nicht eine fragmentarische Ansammlung einzelner Teile ist, sondern ein einheitliches, organisches Ganzes, bei dem alle Teile voneinander abhängen und in irgendeiner Weise miteinander verbunden sind. Das Universum ist dementsprechend kohärent, bedeutungsvoll und geordnet. Es hat Muster und Rhythmen, ist auch zu einem Großteil vorhersehbar. Der Mensch erhielt dieses Gefühl für Ordnung und Rhythmus anfangs aus seiner engen Beziehung zu den natürlichen Zyklen sowie seiner Beobachtung der Bewegungen der Sterne und Planeten. Allmählich gelangte er zu der Folgerung, daß diese Muster interpretiert und verstanden werden, von daher auch vorhergesehen werden können.

Oft wurde behauptet, die Astrologie habe *analogische*, nicht logische, Grundlagen, das heißt, sie funktioniere nach dem alten okkulten Theorem „wie oben, so unten". Diese Vorstellung wird zunehmend von den Ergebnissen der modernen Forschung von Natur sowie von den kosmischen Einflüssen auf die Erde und auf das menschliche Verhalten bestätigt. Durch die wissenschaftliche Erforschung der Auswirkungen kosmischer Strahlung – nicht nur der offensichtlichen Dinge wie etwa der Sonnenflecken, sondern auch subtilerer Einflüsse aus dem Weltraum – erhalten die Grundlagen der Astrologie immer mehr Unterstützung. Selbst die alte Geschichte, daß der Mond sich auf die Psyche des Menschen auswirkt, wird von der modernen Erforschung der Einflüsse dieses Himmelskörpers auf das menschliche Verhalten unterstützt.

Die Astrologie geht davon aus, daß die Erde das Zentrum des Sonnensystems und des Universums ist – dies kann praktisch gesehen durchaus eine gültige Annahme sein. Was den Menschen betrifft, so dreht sich das Universum um ihn. Die Astrologie sieht die Erde als Mittelpunkt einer Reihe konzentrischer Kreise, der Pfade der Planeten und Zeichen des Zodiak. Der *Zodiak* ist eine hypothetische Sphäre um die Erde herum und wird in zwölf Zeichen, die Tierkreiszeichen, unterteilt. Jedes Zeichen wird als Kardinal-, festes oder bewegliches Zeichen klassifiziert und einem der vier Grundelemente des traditionellen Okkultismus (Erde, Luft, Feuer, Wasser) zugeordnet. Die Sonne bewegt sich um diesen Zodiak herum und durchläuft die einzelnen Zeichen; vor welchem Zeichen die Sonne am Tag der Geburt eines Menschen aufgeht, legt das Zeichen fest, unter dem die Geburt stattgefunden hat. So ist also jemand, der am 4. November geboren wurde, ein Skorpion, denn die Sonne ist zu diesem Zeitpunkt im Zeichen des Skorpions. Da sie das mächtige Kraft- und Schöpfungsprinzip verkörpert, wird sie auch im Horoskop als wichtigster Faktor gesehen.

Aber die Erde dreht sich um ihre eigene Achse, und daher gibt es auch noch ein aufstrebendes Zeichen (das heißt das Zeichen am östlichen Horizont zum Zeitpunkt der Geburt) als zweitwichtigsten Faktor. Der eigentliche Punkt des Sonnenaufgangs bezeichnet den *Aszendenten,* der eine weitere Klassifizierung in zwölf Häuser, die den zwölf Konstellationen gleichkommen, festlegt. Jemand, der mit dem Skorpion als seinem Sonnenzeichen geboren ist und seinen Aszendenten ebenfalls im Skorpion hat (wodurch sämtliche Eigenschaften des Skorpions verstärkt werden), hat eine ganz andere Persönlichkeit als jemand, der zu einem ähnlichen Zeitpunkt, aber unter einem anderen Aszendenten geboren wurde.

Zuerst einmal werden diese Grundeinflüsse betrachtet, dann die Einflüsse des Mondes (des zweitwichtigsten „Planeten“) und der anderen Planeten. Es werden nicht nur die Stellungen der Planeten zum Zeitpunkt der Geburt, sondern auch noch ihre Beziehungen untereinander betrachtet, um eine umfassende Beschreibung des Universums zu diesem Zeitpunkt zu haben. Unterschiedliche Planeten in unterschiedlicher Konstellation sowie Planeten in verschiedenen Kombinationen führen zu unterschiedlichen Einflüssen und unterschiedlichem Ausmaß von Einflüssen. Solche komplexe und ausführliche Interpretationen erfordern ein hohes Maß an mathematischem Verständnis und Genauigkeit; ein korrekt gezeichnetes Horoskop erfordert erhebliches Wissen und Fähigkeit. Eben diese Komplexität heißt natürlich, daß die populären Berichte zu den Tierkreiszeichen nichts als sehr allgemeine Feststellungen über eine ganze Kategorie von Menschen sein können, die insgesamt wahrscheinlich mehr Unterschiede als Ähnlichkeiten aufweisen. Die unter dem Sternzeichen Skorpion Geborenen sind sich nicht unbedingt ähnlich, denn es gibt wichtige, subtile Einflüsse, die nur eine eingehende Analyse aufzeigen kann.

Eine ganze Reihe wissenschaftlicher Beweise unterstützt zumindest einige grundsätzliche Annahmen der Astrologie. Diese Beweise führen zu einer neuen

Ansicht über die Stellung des Menschen im Universum und die Einflüsse des Universums auf den Menschen und die Welt. Erforschungen der solaren und lunaren Rhythmen, der Phänomene der Sonnenflecken und der Auswirkungen des Mondes auf die natürliche Zyklen der Erde – sie alle können dazu führen, daß man die wesentlichen Behauptungen der Astrologie (nicht die Übertreibungen der populären Astrologie) eines Tages eventuell wissenschaftlich bestätigen kann.

NUMEROLOGIE

Pythagoras, der griechische Philosoph und Mathematiker aus dem sechsten Jahrhundert v. Chr., war ein wichtiger Wegbereiter der modernen Numerologie. Er war der Überzeugung, daß die Zahlen das Wesen und die Eigenschaften von Dingen repräsentieren. Die Zahlenanalyse des Namens eines Menschen erlaubt daher auch Rückschlüsse auf seine Persönlichkeit.

Pythagoras Ansichten zu den Zahlen wurden im Mittelalter von dem Kabbalisten *Agrippa von Nettesheim* erweitert, der um 1510 sein Werk *De occulta Philosophia* veröffentlichte und den Zahlen die folgenden Eigenschaften zuschrieb:

- *Eins:* Ursprung aller Dinge, Gott. Die zentrale Intelligenz im Universum. Die Sonne, der Stein der Weisen.
- *Zwei:* Ehe und Gemeinschaft, aber auch Trennung und Streitigkeiten.
- *Drei:* Dreifaltigkeit, Erfüllung, Weisheit.
- *Vier:* Festigkeit, Dauer, Grundlage. Es gibt vier Elemente, vier Jahreszeiten, vier Himmelsrichtungen; mit der Erde verbunden.
- *Fünf:* Gerechtigkeit, im mittelalterlichen Europa als christliche Gerechtigkeit interpretiert, da Christus am Kreuz fünf Wunden gehabt hatte. Außerdem nimmt der Mensch die Welt mit fünf Sinnen wahr.
- *Sechs:* Schöpfung. Die Welt wurde in sechs Tagen erschaffen, Gott ruhte am siebten. Agrippa zufolge steht die Zahl sechs auch für Arbeit und Dienstbarkeit, ist jedoch auch die vollendete Zahl.
- *Sieben:* Das Leben. Diese Zahl besteht aus der Sechs (Vollendung) plus die Eins (Einheit, Gott). In der mittelalterlichen Denkweise besteht das Leben aus dem Körper (Geist, Fleisch, Knochen, Säfte) und der Seele (Leidenschaften, Lüste, Vernunft), was zusammen sieben ergibt.
- *Acht:* Fülle. Die Zahl acht ist bemerkenswert ausgewogen, denn sie kann zweimal geteilt werden und noch immer ausgewogen sein. Von daher wird sie auch mit Unendlichkeit assoziiert (liegende Acht).
- *Neun:* Zahl der Sphären. Kosmische Bedeutung.
- *Zehn:* Vollständigkeit. Zahlen über zehn umfassen immer eine weitere Zahl. Agrippa war Kabbalist, und gemäß dieser Philosophie entstand die Welt durch einen göttlichen Prozeß von zehn Stadien.

MODERNEN NUMEROLOGEN zufolge zeigen sich die wichtigsten Aspekte des Lebens und des Charakters eines Menschen in seinem Geburtsdatum sowie in seinem Rufnamen.

DAS GEBURTSDATUM

Das Geburtsdatum wird nicht als Folge von Zahlen aufgeschrieben, sondern in ein Diagramm wie das folgende eingetragen:

Diese Zahlen stehen für die Geistesebene	3	6	9
diese für die Gefühlsebene	2	5	8
der Rest für die Körperebene	1	4	7

Numerologen glauben, daß ein solches Diagramm die dreifache Aufteilung des Menschen versinnbildlicht und daß alle mystischen Lehren die Vollendung zum Ziel haben. Ein „vollendeter" Mensch hätte alle diese Zahlen in seinen Geburtszahlen vertreten. Beispiel: Ein Mann wurde am 1.10.1947 geboren, was in dem Diagramm folgendermaßen aussehen würde (die Null wird nicht gezählt):

Geistesebene			9
Gefühlsebene			
Körperebene	1 1 1	4	7

Laut Analyse hat der Mann Defizite in der Gefühlsebene; um diesen Bereich müßte er sich also ganz besonders bemühen. So zeigen uns die Zahlen unsere unausgewogenen Bereiche und wo für die Schaffung einer ausgewogenen Persönlichkeit noch Handlungsbedarf besteht.

In einer anderen Betrachtungsweise des Geburtsdatums wird einfach eine Quersumme der Zahlen gebildet. In obigem Diagramm ergibt dies 23, was sich auf

$2 + 3 = 5$

reduzieren läßt. Die Zahl fünf steht für Gerechtigkeit; der Mann ist im Tierkreiszeichen der Waage geboren (Waage = Ausgewogenheit), was vielleicht eine kleine Entschädigung für die erste Analyse bieten kann.

NAMENSANALYSE

Der Rufname (normalerweise nicht die weiteren Vornamen) kann auf Zahlen reduziert werden, indem jeder Buchstabe einem Zahlenwert zugeordnet wird, und zwar nach folgendem Schema:

1	2	3	4	5	6	7	8	9
A	B	C	D	E	F	G	H	I
J	K	L	M	N	O	P	Q	R
S	T	U	V	W	X	Y	Z	

Man kann den Zahlenwert seines Namens herausfinden, indem man die Gesamtzahl der Buchstaben zusammenzählt. Zahlen über zehn werden auf die kleinere Zahl reduziert, wie oben schon beschrieben. Diese Zahl kann dann als weiterer Rückschluß auf die Persönlichkeit in das Geburtsdiagramm eingetragen werden.
Meist wird das Geburtsdatum – der Lebensbeginn – für wichtiger gehalten als der Name. Wohl deshalb, weil der Name ja von den Eltern gegeben wird, das Geburtsdatum dagegen ist eine dem Menschen inhärente Eigenschaft und damit auch ein zuverlässigerer Anhaltspunkt. Doch es kann auch so gesehen werden, daß ein Mensch als jemand, der *einen Namen hat*, erwachsen wird, sich entwickelt und reagiert. Der Name symbolisiert die Persönlichkeit und sagt in begrenztem Ausmaß auch diese vorher. Manche Namen klingen hart und aggressiv, andere weich und poetisch, so daß es kaum verwunderlich ist, daß Numerologen die Klangeigenschaften eines Namens betonen.
Wie die Astrologie bietet auch die Numerologie eher eine Analyse dessen, was ein Mensch ist, nicht dessen, was aus ihm werden könnte. In seinem Leben kann jeder aufgrund seiner Willensfreiheit Entscheidungen fällen und sich dementsprechend entwickeln. Die Numerologie bietet nur einen Rahmen an für das, was der Mensch erreichen kann, wenn er seiner natürlichen Tendenz folgt. Darüber hinaus will und kann sie das Schicksal nicht vorhersagen.

HANDLESEN

In ihrer einfachsten Form ist die Handlesekunst von den Zigeunern als Schicksalsdeutung auf den Jahrmärkten populär gemacht worden. Dies ist jedoch nur eine schlechte Imitation einer Disziplin, die heute mehr als je zuvor Anspruch auf wissenschaftliche Grundlagen erhebt. Die Handlesekunst besteht aus einer Analyse der Hände – nicht einfach nur der Handlinien, sondern ihrer Kombinationen und Konjunktionen, sowie weiterer kleinster Details der Hände und der Finger. Die sich in der Hand zeigenden Dinge stehen in Verbindung zu Aspekten der Persönlichkeit, des Charakters und zu körperlichen und psychischen Wesenszügen des Menschen. Der wissenschaftliche Handleser behauptet nicht, daß es einen einfachen Zusammenhang zwischen einem bestimmten Zug in der Hand und einer psychischen Eigenart gibt; er sucht vielmehr nach einem übergreifenden Muster, das bei jedem Menschen ganz individuell ausgeprägt ist. Die Handinnenfläche eines Menschen entwickelt ihre charakteristischen Linien und Muster bereits zum Zeitpunkt der Geburt (ja, sogar noch früher). Diese entwickeln und verändern sich im Lauf der Zeit und können durch ihre Veränderungen auf weitere Entwicklungen im Leben und der Persönlichkeit des Einzelnen hinweisen. Doch die Handlesekunst ist keine fatalistische Technik; die Handlinien spiegeln Aspekte der Persönlichkeit wider, sie verursachen sie nicht. Deshalb ist die Handlesekunst eine analytische Wissenschaft, nicht eine, die das Schicksal vorhersagen will. Obwohl fähige Handleser mögliche zukünftige Tendenzen feststellen können, wenn sie die Linien und ihre Beziehungen untereinander betrachten.

In uralten indischen und chinesischen Schriften wurde diese divinatorische Methode bereits vor über 3 000 Jahren erwähnt. Auch Aristoteles soll sie aus dem alten Ägypten übernommen haben. Doch erst im 16. und 17. Jahrhundert schickte man sich an, die Handlesekunst zusammen mit anderen Formen der Schicksalsdeutung durch eine Analyse des Körpers (zum Beispiel die *Phrenologie*, bei der der Charakter aus der Kopfbildung abgelesen wird) zu systematisieren.

In dieser Zeit wurde ebenfalls die Theorie vom Makrokosmos/Mikrokosmos erweitert (die Vorstellung, daß der Mensch mit dem Kosmos in Verbindung steht und die Anlayse seines Wesens Hinweise auf das göttliche Universum gibt). Handlesebücher, die oft auf diesem Gesetz der Entsprechung aufbauten, wurden sehr populär. Im 19. Jahrhundert versuchte man erstmals, die Handlesekunst (auch bekannt als *Chirologie*) respektabel zu machen. Der Amerikaner *William G. Benham* verfaßte zu diesem Thema eines der wichtigsten Werke dieser Zeit: *Laws of Scientific Hand Reading*.

Nach und nach wuchs das Interesse an der wissenschaftlichen Handlesekunst (im Unterschied zu dem gängigen Schicksalslesen aus der Hand). Eine Reihe von Wissenschaftlern, vor allem Psychologen, beschäftigten sich mit dem Zusammenhang zwischen persönlichen Wesensmerkmalen und den Handlinien. Viele Psychologen und Handleser gehen heute davon aus, daß statistische Korrelationen dieser Art die Feststellungen der alten Handleser bestätigen: vor allem in Bezug auf psychische Störungen, die sich in den Händen widerspiegeln. Sicherlich wird man mehr über diese uralte Technik der Charakterdeutung erfahren, wenn sich die Wissenschaft noch ernsthafter mit diesen Untersuchungen beschäftigt.

Der traditionelle Handleser achtet bei seiner Analyse auf eine Reihe von aussagekräftigen Merkmalen:

1. die Größe und Form der Hände, also auch die Größe der Handinnenflächen sowie die Größe, den Umfang und die Form der Finger;
2. die Biegsamkeit bzw. Starrheit der Hände und der Finger;
3. die Wesensmerkmale der Finger, was traditionellerweise auch eine Beziehung zwischen den Fingern und den verschiedenen Aspekten der Persönlichkeit umfaßt;
4. die Fingerabdrücke, die von einigen Handlesern ebenfalls betrachtet werden;
5. die Handballen, die „Berge" in der Handinnenfläche, die mit unterschiedlichen Aspekten der Persönlichkeit in Beziehung stehen;
6. die Linien: Früher wurde angenommen, daß sich der Handleser ausschließlich mit den Linien beschäftigt, doch diese sind nur ein Teil des gesamten Musters der Hand und müssen in einem Gesamtzusammenhang gesehen werden. Unterschiedliche Linien stehen in Bezug zu unterschiedlichen Aspekten des Menschen; am wichtigsten ist die Kopf-, die Herz- und die Lebenslinie.

MANCHE HANDLESER lesen lieber direkt aus der Hand, andere nehmen einen Abdruck, um die Hand gründlichst zu analysieren. Manche behaupten, daß die Hände nur ein Kontaktpunkt mit dem Menschen sind und daß sie zur eigentlichen Charakterdeutung weitere Formen der übersinnlichen Wahrnehmung heranziehen, während wieder andere sämtliche unwissenschaftlichen Methoden des Handlesens ablehnen.

VERSCHWUNDENE KONTINENTE

Die Menschen sehnten sich immer nach einem Zeitalter zurück, in dem die menschlichen Errungenschaften größer, das Leben glücklicher und die Welt ein besserer Ort gewesen sein sollen. In religiösen Vorstellungen verweilten zu dieser Zeit die Götter noch auf der Erde; in weltlichen Begriffen kam es zu Theorien von prähistorischen Zivilisationen, die unserem modernen technologischen Zeitalter überlegen gewesen oder ihm zumindest gleichgekommen sein sollen.

Allerdings haben diese früheren Zivilisationen nirgends eindeutige Spuren hinterlassen; so mußten die diesbezüglichen Theorien ihr nahezu völliges Verschwinden erklären. Der Untergang eines solchen Kontinents in den Weltmeeren liegt nahe, denn die Weite der Weltmeere forderte die Vorstellung, daß eine solche Fläche eigentlich nicht einfach nur von Wasser bedeckt und damit „verschwendet" werden sollte. Zu irgendeiner Zeit müßte folglich tatsächlich Land dort gewesen sein. Die Theorien über die verschwundenen Kontinente besagen:

1. Auf den nunmehr mit Wasser bedeckten Flächen der Weltmeere – dem Pazifik, dem Atlantischen und dem Indischen Ozean – gab es früher Kontinente.
2. Auf diesen Kontinenten entwickelten sich Zivilisationen mit großen wissenschaftlichen, kulturellen und technischen Errungenschaften, die vielleicht sogar unsere heutigen überstiegen.
3. Schließlich wurden diese Kontinente und ihre Zivilisationen zerstört – entweder durch Naturkatastrophen (Erdbeben, Bewegungen der Schichten der Erdoberfläche) oder durch von Menschenhand geschaffene Mittel (in manchen Theorien wird behauptet, daß diese Menschen die Atomkraft entwickelten und schließlich in einer Atomexplosion untergingen).
4. Nahezu sämtliche Spuren dieser Zivilisationen und Kontinente verschwanden von der Erdoberfläche.
5. Einige wenige Spuren sind jedoch noch erhalten. So wird zum Beispiel die angebliche Ähnlichkeit der Kulturen auf verschiedenen Seiten eines Weltmeeres als Beweis angeführt, daß sie einen gemeinsamen Ursprung haben; der Mythos eines *Goldenen Zeitalters* wird angeführt als archetypische Erinnerung an die verschwundenen Kontinente.

DIE BESCHÄFTIGUNG MIT DIESEN VERSCHWUNDENEN KONTINENTEN reicht von wissenschaftlicher und archäologischer Forschung über die ganze Bandbreite der Pseudowissenschaften hin zum Okkulten. Viele okkulte Richtungen siedeln ihre Ursprünge in den religiösen Traditionen der verschwundenen Kontinente an. Aber momentan gibt es kaum historische und wissenschaftliche Beweise für eine solide Grundlage dieser Spekulationen. Dies soll nicht heißen, daß es solche Kontinente nicht gab, aber man muß sie einfach in den Bereich der Theorie ansiedeln, nicht den der Fakten. Die wichtigsten dieser Kontinente sind:

1. *Atlantis:* Dieser Kontinent soll im Atlantischen Ozean gelegen haben und wurde von dem griechischen Philosophen Platon als fortschrittliche Zivilisation erwähnt, die wegen ihrer frevelhaften Taten zerstört wurde. Vor allem in der viktorianischen Zeit schrieben viele Autoren ausführliche Werke zu diesem Thema. Es ging in viele religiöse, okkulte und anthropologische Theorien ein. Moderne wissenschaftliche Forschungen legen nahe, daß historische Hinweise zu Atlantis sich vielleicht auf eine Mittelmeerzivilisation beziehen, die durch einen Vulkanausbruch zerstört wurde.
2. *Lemuria:* Von manchen im Indischen Ozean angesiedelt, von anderen im Pazifik. Diese Zivilisation soll, wie allgemein angenommen, eher primitiv gewesen sein und keineswegs an die zivilisatorischen Fortschritte von Atlantis herangereicht haben.
3. *Mu:* Im Pazifik gelegen, soll Mu eine sehr weit entwickelte Kultur, ja sogar der ursprüngliche Garten Eden gewesen sein.

OKKULTISMUS IN DER KUNST

Bis etwa 1889 war die Malerei überwiegend darstellender Art. Große Ausnahmen bilden die Werke von Hieronymus Bosch, Lukas Cranach und Peter Breughel. Als die europäischen Symbolisten anfingen, sich mit Drogen, ihren Träumen und dem Okkulten zu beschäftigen, tauchten plötzlich visionäre Maler wie Gustav Moreau, Jean Delville und Richard Dadd auf. Doch ist das, was man als okkulte Kunst bezeichnen könnte, vor allem ein Phänomen unseres Jahrhunderts. Der *Surrealismus* ist die moderne Kunstrichtung, die am meisten Berührungspunkte mit dem Okkuultismus aufweist. Einige Surrealisten waren tatsächlich auch satanische Okkultisten oder befaßten sich mit dem Trance-Bewußtsein. Der Surrealismus entwickelte sich in Paris zwischen den beiden Weltkriegen, einer Zeit des gesellschaftlichen Umbruchs und einer umfassenden Orientierungslosigkeit. Dem rationalen Denken, das offensichtlich versagt hatte, setzten die Surrealisten die neue Dimension der Phantasie entgegen. 1924 gab *André Breton* das erste surrealistische Manifest heraus und erklärte darin, warum er an die Allmacht der Träume glaubte. Er betrachtete die Träume nicht nur als eine Reflektion des Lebens, sondern letztlich als eine tatsächliche visuelle Repräsentation der Wirklichkeit, da ihre Struktur nicht von rationellen Prozessen gestört werde. Deshalb böten sie eine neue Freiheit und seien eine Art Kommentar zu dem inneren Wesen des Menschen, das zunehmend als realer betrachtet wurde als sein durch die Gesellschaft degradiertes äußeres Wesen.

Die Surrealisten lassen sich nicht leicht in Kategorien fassen. Manche bevorzugten eher abstrakte Techniken, während andere ihre Träume in den winzigsten Details auf die Leinwand bannten.

Einer von ihnen war *Wolfgang Paalen*, ein Österreicher, der eine Weile in Mexiko lebte und die sogenannte „Fumage-Technik" entwickelte. Er hielt eine frisch mit Ölfarbe bemalte Leinwand über eine Kerze, so daß der Rauch unheimliche, zufällige Muster auf der nassen Farbe hinterließ. Dann malte er auf diese Bilder surreale, paranormale Details, wie in seinem Werk „Konflikt der Prinzipien der Finsternis". Paalen beschäftigte sich auch eingehend mit dem Tarot und ließ animistische Maya-Einflüsse in seine Bilder eingehen.

Max Ernst entwickelte eine ähnlich suggestive Technik, die sogenannte „Frottage". Er legte Papier auf einen Holzfußboden und bemalte es leicht mit einem Bleistift, so daß die unebene Oberfläche des Holzes als Muster auf dem Papier erschien. Bei der eingehenden Betrachtung seiner „Frottagen" zeigte sich ihm ein mystischer Prozeß. „Wenn ich diese Zeichnungen anschaute", so schrieb er, „überraschte mich immer wieder die plötzliche Intensivierung meiner visionären Fähigkeiten und die halluzinatorische Abfolge widersprüchlicher Bilder, die sich aufeinanderlegten ..."

Bei der eher darstellenden Kunstrichtung finden wir den überzeugten schwarzen Magier *Felix Labisse,* dessen Figuren oft eine makabre Kombination von tierischen, pflanzlichen und menschlichen Formen sind. Wie alle Okkultisten kannte er die Macht der Transformation und wußte, daß alles, was sich der Magier vorstellen konnte, im Unbewußten auch passieren konnte. Als Künstler fühlte er sich verpflichtet, diese Ansicht durch seine Bilder zu vermitteln.

Ähnlich schufen auch *Salvador Dali* und *René Magritte* seltsame, unheimliche Bilder, indem sie eigentlich bekannte Dinge aus ihrem normalen Kontext herausnahmen und in einen ungewöhnlichen Zusammenhang stellten. Magritte überwand die Normalität, indem er Sachen so kombiniert, daß sie der herkömmlichen Vorstellung widersprechen. Eine Meerjungfrau mit dem Kopf eines Fisches und den Beinen einer Frau liegt hoffnungslos gestrandet da; ein saftiger grüner Apfel füllt ein ganzes Zimmer; Pflanzen, die genausogut Vögel sein können, wachsen auf einem steinigen Berggipfel.

Es gab jedoch auch noch einige interessante andere Abweichler von den Hauptströmungen der modernen Kunst. In mindestens drei Fällen war die Beziehung zwischen Kunst und Trance, Mystik und dem Okkulten besonders ausgeprägt:

Der erste und wichtigste englische Surrealist war *Austin Osman Spare,* dessen Werk sogar etwa zehn Jahre früher als die kontinentale Schule entstand. Er gewann mit nur 16 Jahren ein Stipendium für die königliche Kunstakademie, ein Zeichen für seine bemerkenswerte Begabung. Seine ersten Illustrationen für Bücher, wie etwa Ethel Wheelers *Behind the Veil* (1906) und ein aphoristisches Werk mit dem Titel *The Starlit Mire* (1911), waren noch ziemlich orthodox, aber zwischenzeitlich durchlief Spare neben seiner Kunstausbildung auch noch eine okkulte Ausbildung. Etwa um 1910 herum soll er in Aleister Crowleys *Argenteum Astrum* eingetreten sein und suchte nun in seiner Kunst nach einer neuen mystischen Richtung.

Allmählich gelangte er zu der Überzeugung, daß der Mensch vom Ursprung allen Seins, das er *Kia* nannte, enfremdet sei und daß es seine Aufgabe sei, sich seinen kreativen Energien und Lebensprozessen wieder zu öffnen. Diese Vorstellungen erläuterte er in seinem *Book of Pleasures,* das 1913 erstmals erschien. Inzwischen hatte er ein eigenes Alphabet magischer Sigillen entwickelt, Symbole, die den menschlichen Willen in konzentrierter Form ausdrücken sollten. Mit diesen Sigillen wollte Spare im Zustand der Trance oder der Ekstase seinem Unbewußten Befehle geben, ihm einen Zugang zu all den darin befindlichen Bildern und Vorstellungen zu gewähren. Wie alle Okkultisten glaubte auch Spare an die Reinkarnation und daran, daß seine früheren Persönlichkeiten alle in den Tiefen seines Geistes schlummerten. Im Zustand der Trance, von Spare interessanterweise als „Stellung des Todes" bezeichnet, wollte er diese halb menschlichen, halb tierischen Formen anrufen und sich mit ihnen als den früheren Formen seiner jetzigen Existenz identifizieren. Er nahm an, daß er alle seine Persönlichkeiten wiederentdecken und schließlich den Urgrund erreichen würde, wenn er nur lange genug zurück ginge.

Spares Werk läßt deutlich erkennen, daß ein Okkultist von der Bilderwelt seines Unbewußten völlig besessen sein kann. Viele seiner Werke sind wirbelnde, atavistische Bilder, erfüllt von einer animalischen Sexualität. Sie zeigen deutlich, wie Trance-Okkultismus und Kunst miteinander verschmelzen können.

In Australien gibt es zwei weitere Beispiele dieser Verschmelzung. Das Werk der sich als Hexe bezeichnenden *Rosaleen Norton* setzt die Tradition Norman Lindsays fort und weist einen deutlichen Hang zur Vorstellungswelt der Schwarzen Magie auf. Norton hatte die Werke des Surrealisten und Okkultisten Kurt Seligman gelesen. Auch kannte sie die magischen Theorien Dion Fortunes (die sich „Schwarze Isis" nannte), Aleister Crowleys und Eliphas Lévis. In ihrem Werk tauchen oft die sogenannten „Qlippoth", die Bilder des schwarzen oder negativen Baumes des Lebens, auf. Wie Spare scheint auch sie manchmal tantrische oder sexuelle Techniken verwendet zu haben, um eine visionäre Ekstase zu erreichen. In ihrer Monographie schreibt sie, daß „Kundalini, manchmal in der Gestalt einer Schlange, mir machtvoll bekannt ist ..." Für sie stellte die Macht des Orgasmus einen Zugang zum okkulten Bewußtsein dar.

Der zweite Australier war *Victor Angel*, der seine Laufbahn als kommerzieller Künstler begann. Er hatte kein besonderes Talent und schuf nur einige mittelmäßige Landschaftsbilder. Doch mit 27 Jahren fühlte er sich plötzlich von einer spirituellen Kraft in Besitz genommen, die ihn drängte, in seiner Malerei einen neuen Ansatz zu finden. Wie Spare rief auch Angel dieses Wesen mit einer Sigill, einem okkulten Symbol, an, auf das er sich konzentrierte. Daraufhin verfiel er in Trance, in der er bemerkenswerte mythologische Bilder über seinem Zeichenpapier schweben sah. Angel, der in Guache arbeitete, sagte, er sei an diesen Werken nur insofern selbst beteiligt, als daß er die Details ausmalte, die ihm auf übernatürliche Weise zugekommen seien. Seine visionären Bilder ähneln denen *William Blakes*, auch wenn sie einen Renaissance-Einfluß zeigen. Der ausgesprochene Gegensatz zwischen der natürlichen Begabung des Künstlers und seinem späteren okkulten Einfühlungsvermögen ist ein interessantes, vielleicht sogar einzigartiges Phänomen. Außerdem zeigen sich in seinen Bildern viele ausgesprochen kabbalistische Inhalte, die exakt mit den Kräften und symbolischen Farben des Baumes des Lebens korrelieren. Angel selbst kannte die Kabbala nicht. Einem seiner Bilder gab er spontan den Titel „Der Baum des Lebens", ohne zu wissen, daß dies ein zentrales Motiv der jüdischen Mystik ist.

Seit der psychedelischen Phase, in der halluzinogene Drogen einen neuen Zugang zu den okkulten Bereichen des Geistes öffneten, hat sich auch in den USA eine neue Richtung der kosmischen Kunst entwickelt. Besonders interessant sind die Mandalas von *Jose* und *Miriam Arguelles, Dion Wright* und *Roberto Matiello.* Das Werk *Abdul Mati Klarweins* hat ebenfalls viel Aufmerksamkeit erregt, vor allem seine psychedelischen Illustrationen von Plattenhüllen einiger Miles-Davis-Schallplatten. Sein Werk ist durch lebhafte Farben und durch tantrische Bilder charakterisiert. Es zeigt wie die Werke des Australiers Victor Angel seine kabbalistischen Erfahrungen sowie deutliche sexuelle Motive.

WHO'S WHO DER GEHEIMLEHREN

AGRIPPA VON NETTESHEIM (1486–1535) Der in Köln geborene Henricus Cornelius Agrippa von Nettesheim zeigte schon in frühen Jahren eine Begabung für Sprachen und die klassischen Wissenschaften. Agrippa ging an den Hof Maximilians I. und war später auch während seiner Studienzeit in Paris für den deutschen Geheimdienst tätig. In Paris traf er Mystiker und Rosenkreuzer, er beschäftigte sich eingehend mit der Kabbala und der Hermetik. In seinem berühmten Werk *De occulta Philosophia* (um 1510, Neuauflage 1967) befaßte er sich vor allem mit göttlichen Namen, der Naturmagie und der Kosmologie. Gerüchten zufolge soll Agrippa, dessen ständiger Begleiter ein großer schwarzer Hund war, auch einen magischen Spiegel besessen haben, mit dessen Hilfe er in die Zukunft blicken konnte.

ALBERTUS MAGNUS (1206–1280) Eigentlich Albert Graf von Bollstädt, geboren in Larvigen an der Donau. Er galt in seiner Zeit als bedeutender Theologe und Alchemist. Einen Großteil seiner Schaffenskraft schrieb er visionären Inspirationen durch die Jungfrau Maria zu. Er wurde Bischof von Ratisbon, war jedoch kein orthodoxer Kleriker. Unter seinen Kollegen ging das Gerücht, er kommuniziere mit dem Teufel; er selbst behauptete, das Wetter auf magische Weise kontrollieren zu können. In seinem Werk *De rebus metallis et mineralibus* beschreibt er seine alchemistischen Studien; angeblich fand er den Stein der Weisen. Eine Reihe von Büchern über Magie, Liebeszauber und allerhand Aberglauben sind ihm fälschlicherweise zugeschrieben worden.

KENNETH ANGER (GEB. 1930) Amerikanischer Regisseur, der in seinen Filmen in den sechziger Jahren das Okkulte darstellte: so etwa in *Lord Shiva's Dream,* ein okkultistisch-psychedelisches Spektakulum, dessen Anfangsbuchstaben auch auf eine damals sehr moderne Droge hinweisen. Er war ein Mitglied der ersten magischen Sekte, die Anton La Vey gegründet hatte und aus der sich schließlich die „Church of Satan" entwickelte. Seine bizarren, schwerverständlichen Filme sind obsessive Bilderfluten voller Sex, Gewalt, Magie sowie Okkultismus und spielen auf die Rockkultur jener Jahre an. Sein bekanntester Film ist wohl *Lucifer Rising,* in dem Anais Nin die Göttin Astarte spielt und zu dem Mick Jagger die Musik schrieb. Er machte auch von sich reden, als er in der ehemaligen „Abtei Thelema" in Sizilien sexualmagische Gemälde an den Wänden entdeckte, die noch aus Crowleys Zeiten stammten. Später schloß er sich Charles Manson an und wurde 1969 des Mordes an Gary Hinman überführt.

GEORGE ARUNDALE (1878–1945) Englischer Theosoph, der mit Annie Besant und Charles Leadbeater in enger Verbindung stand. Arundale schloß sich 1895 der Theosophischen Gesellschaft an und begab sich 1903 als Geschichtsprofessor an das Central Hindu College in Benares, Indien, an dem er 1909 zum Direktor gewählt wurde. 1913 trat er von diesem Amt zurück, um sich ganz der Ausbildung Krishnamurtis widmen zu können. 1917 kehrte er nach Indien zurück und unterstützte Annie Besant in ihren politischen Kampagnen. 1934 wurde er Präsident der Theosophischen Gesellschaft.

SRI AUROBINDO (1872–1950) Indischer Mystiker, Philosoph und Dichter. Seine Philosophie der *Integralen Yoga,* hat viele Anhänger in der ganzen Welt gefunden und sollte der Grundstein einer neuen Weltreligion sein. Aurobindo studierte klassische Literatur in Cambridge. Nach seiner Rückkehr nach Indien setzte er sich an die Spitze der extremen Nationalisten, die auch für den bewaffneten Widerstand eintraten, bis er ins Gefängnis kam und eine innere Wandlung erlebte. Daraufhin wandte er sich der Mystik zu und studierte die traditionellen Formen des Yoga, die er schließlich in einer neuen Philosophie, dem Purna- oder Integralen Yoga, zusammenfaßte. In Pondicherry gründete er mit seinen Anhängern einen Ashram. Nach seinem Tod gründete seine Lebensgefährtin Mira Richard die Stadt Auroville, die als autarker Stadtstaat gedacht war. 1960 wurde die Sri Aurobindo Society gegründet, 1974 starb Mira („die Mutter") im Alter von 95 Jahren, doch Auroville gibt es heute noch.

ALICE BAILEY (1880–1949) Englische Mystikerin. Sie war sehr aktiv in der Theosophischen Gesellschaft, sagte sich jedoch 1923 von ihr los, um ihre eigenen Wege zu gehen, und gründete die „Arkanschule". Sie glaubte, mit mehreren „Meistern" geheimer Ebenen in Verbindung zu stehen, und veröffentlichte eine große Zahl von Büchern, die zum Teil unmittelbar von diesen Meistern inspiriert worden sein sollen. Nach ihrem Tod führte ihr Mann die Organisation weiter. Mehrere andere Organisationen – etwa „Triangles" und „World Good Will" – vertreten weiterhin diverse Aspekte ihres Gedankenguts. 1951 erschien posthum ihr Werk *Die unvollendete Autobiographie.*

FRANZ BARDON (1909–1938) Deutschsprachiger Esoteriker aus der ehemaligen Tschechoslowakei, der im Konzentrationslager Brünn zu Tode kam. Seine wichtigsten Werke, *Der Weg zum wahren Adepten, Die Praxis der magischen Evokation, Der Schlüssel zur wahren Kabbala,* tragen dieselben pragmatischen Züge wie die von Aleister Crowley; in seinem zweiten Buch beschreibt er die magischen Sigillen sowie das gesamte Pantheon von Geistern und Elementargeistern der Astralebene.

FRANCIS BARRETT (UM 1800) Über das Leben von Francis Barrett ist kaum etwas bekannt, abgesehen davon, daß er wahrscheinlich zu dem Okkultisten Bulwer-Lytton eine Verbindung hatte. 1801 veröffentlichte er *The Magus or Celestial Intelligencer,* das als Handbuch der Magie in den damals einschlägigen Kreisen ungemein geschätzt war. Es finden sich u. a. Illustrationen von Dämonen wie Theulus und Asmodi, und auch der Symbolismus von magischen Steinen, der Numerologie, Alchemie und kabbalistischen Magie wird eingehend beschrieben.

ALAN BENNETT (1872–1923) Im Hermetischen Orden der Goldenen Dämmerung unter dem Ordensnamen Frater Jehi Aour (hebräisch: „Es werde Licht") bekannt, unterwies er Aleister Crowley in den magischen Künsten. Bennett beschäftigte sich hauptsächlich mit der rituellen Magie und verfaßte eine Anrufung des Großen Geistes Taphthartharath (= Merkur). Außerdem bearbeitete er einen Teil des magischen Bezugssystems 777, das Crowley später als *Buch* 777 veröffentlichte. 1900 verließ Bennett England und ging nach Ceylon, wo er sich erst dem Hinduismus, dann dem Buddhismus zuwandte. Unter dem Ordensnamen Bhikku Ananda Metteya trat er in ein buddhistisches Kloster in Burma ein und wurde schließlich auch zum Mitbegründer der englischen buddhistischen Gesellschaft (1908).

ANNIE BÉSANT (1847–1933) Englische Sozialreformerin und Theosophin, ab 1907 Präsidentin der Theosophischen Gesellschaft. Bis 1888 war sie eine führende englische Feministin sowie Vorstandsmitglied der sozialistischen Vereinigung „Fabian Society". Später engagierte sie sich auch in der Liga für die Autonomie Indiens und bei den Freimaurern. Anfangs war sie eine ausgesprochenen Atheistin, 1889 wurde sie durch Schriften Blavatskys zur Theosophie bekehrt und schaffte in kurzer Zeit den Aufstieg in den inneren Führungszirkel der Theosophischen Gesellschaft. Zusammen mit Charles Leadbeater begann sie, Jiddu Krishnamurti als neuen Weltlehrer aufzubauen, wozu auch der „Orden des östlichen Sterns" gegründet wurde. Außerdem wirkte sie bei der Gründung von Freimaurer-Adoptionslogen mit, in die Frauen ebenso eintreten konnten wie Männer. Sie verfaßte eine große Anzahl von Büchern, darunter *Die Uralte Weisheit* (1898), *Die vier großen Religionen* (1904), *Reinkarnations- und Wiederverkörperungslehre* (1905) und viele andere mehr.

ALGERNON BLACKWOOD (1869–1951) Mitglied des Hermetischen Ordens der Goldenen Dämmerung, später Journalist für die *New York Times* und Autor von sehr authentisch wirkenden mystischen Kurzgeschichten. Werke in deutscher Übersetzung: *Besuch von drüben, Der Griff aus dem Dunkeln, Das leere Haus, Der Tanz des Todes.*

HELENA PETROWNA BLAVATSKY (1831–1891) Russische Mystikerin und Abenteuerin, die 1875 die Theosophische Gesellschaft gründete. Nach einem sehr bewegten Leben behauptete sie, von Mahatmas bzw. Meistern kontaktiert worden zu sein, die sie dazu überredeten, die Gesellschaft zu gründen und mehrere Bücher zu verfassen, die die Grundlage der Theosophie bildeten. Sie behauptete ebenfalls, daß diese Meister ihr halfen, Übernatürliches zu erschaffen, was von anderen jedoch oft als gekonnte Täuschungen gesehen wurde. Ihre Hauptwerke waren *Die entschleierte Isis* (1877) und *Die Geheimlehre* (1888). Diese rätselhafte, geheimnisvolle Frau hat den modernen Okkultismus mit Sicherheit stark beeinflußt. Zweifellos war sie ein begabtes Medium und besaß übersinnliche Kräfte. Sie wollte die östliche und westliche Philosophie und Religion sowie Wissenschaft und Religion vereinen, doch ihr umständlicher Stil und die unglaubliche Fülle an Details in ihren zwei Hauptwerken machen eine Analyse extrem schwierig. Madame Blavatsky engagierte sich auch in einer Reihe anderer okkulter Bewegungen, darunter einem unorthodoxen Zweig der Freimaurer.

JAKOB BÖHME (1557–1624) Schuhmacher aus Görlitz. In seinem Werk vermischen sich Naturphilosophie und Mystik zu einem organischen Ganzen. Der ewige Streit zwischen Gut und Böse in der Natur und in der Seele ist die unabdingbare Voraussetzung für alles Seiende. Seine Schriften wie etwa *Aurora oder die Morgenröte in Aufgang* hatten einen prägenden Einfluß auf die Rosenkreuzergemeinschaften und die deutsche Romantik

RAYMOND BUCKLAND (GEB. 1934) Amerikanischer Hexer, zusammen mit seiner Frau Mitglied eines Covens in Long Island, der der Tradition Gerald Gardners folgt. Die Bucklands betrachten sich als Führer von 18 amerikanischen Covens und unterhalten ein Hexerei-Museum. Raymond Buckland behauptet, Doktor der Philosophie zu sein; oft bezeichnet er sich auch als Anthropologe, doch hauptberuflich scheint er an der Reisezeitschrift einer Fluglinie mitzuarbeiten. Er hat einige Bücher über das Hexenwesen verfaßt, darunter *Witchcraft from the Inside* und *Practical Candle Burning.*

EDWARD BULWER-LYTTON (1803–1873) Englischer Schriftsteller, der durch sein Buch *Die letzten Tage von Pompeji* sehr bekannt wurde. Er selbst betrachtete seine esoterischen Romane wie *Zanoni* (1842), einen Roman, der sich an den Comte de Saint Germain anlehnt, und *A Strange Story* als seine Hauptwerke. Bulwer-Lytton studierte in Cambridge und bewirtete mehrere Male den französischen Okkultisten Eliphas Lévi in Knebworth, seinem Familiensitz, wo die beiden okkulte Geheimnisse ausgetauscht haben sollen. Eine Zeitlang war er ehrenhalber Grand Patron der *Societas Rosicruciana in Anglia,* einem Vorläufer des *Hermetischen Ordens der Goldenen Dämmerung.*

W. E. BUTLER (1898–1978) Englischer Schriftsteller und Magier, der mit Dion Fortune und ihrer *Fraternity of the Inner Light* und mit dem englischen Medium Robert King zusammenarbeitete. Er verfaßte zahllose Werke zu der westlichen Tradition der Magie und hatte den Ruf eines hochbegabten Lehrers. Einige seiner Werke: *Magic, its Ritual, Power und Purpose* (1952), *Die hohe Schule der Magie* (1959), *Apprenticed to Magic, Magic and the Qabalah.* Außerdem gründete er eine Schule für Magie („The Servants of the Light"), die einen extrem guten Einführungskurs in die Magie und die Kabbala anbietet.

ALESSANDRO DI CAGLIOSTRO (1743–1795) Eigentlich Giuseppe Balsamo, Abenteuerer und okkultistischer Hochstapler. Von Thomas Carlyle als „Scharlatanfürst" bezeichnet. Nachdem er einen abergläubischen Goldschmied namens Marano zu der irrigen Annahme verleitet hatte, mit ritueller Magie ließen sich verborgene Schätze ausfindig machen, floh er nach Messina, wo er den geheimnisvollen, exzentrischen Okkultisten Althotas kennenlernte, der sich als Eingeweihter in die Geheimnisse der Alechemie und der Naturgesetze ausgab. Gemeinsam reisten sie nach Alexandria und Rhodos und stellten später auf Malta alchemistische Experimente mit dem Großmeister Pinto an. Dank Pinto konnte Graf Cagliostro, wie er sich nun nannte, ein Luxusleben führen. Nach seiner Rückkehr nach Italien heiratete er Lorenza Feliciani, deren Vater von Cagliostros Reichtum schwer beeindruckt war. Ihre stürmische Ehe führte sie nach Madrid, Lissabon, London und schließlich nach Paris. An den europäischen Höfen schuf Cagliostro sich den Ruf eines begabten Alchemisten, denn die Prinzen und Könige dieser Zeit waren sehr daran interessiert, ihre Schatzkammern zusätzlich zu füllen. Später kehrte er nach London zurück und gesellte sich zu den Freimaurern, wo er auch Comte de Saint Germain traf. Die ägyptischen Ursprünge der Freimaurerei interessierten ihn besonders. Nach wie vor bereiste er als Okkultist, Medium und Geistheiler ganz Europa, was ihm des öfteren große Geldsummen einbrachte. 1785/86 wurde er am französischen Königshof in die berühmte Halsbandaffäre verwickelt und schließlich von Madame de Lamotte beschuldigt, ihr Diamantkollier gestohlen zu haben. Zwar gelang es ihm mit seiner Redegabe, die Richter von seiner Unschuld zu überzeugen, doch 1789 in Rom verließ ihn sein Glücksstern. Da die Freimaurerei hier als Ketzerei galt, wurde er verhaftet und zum Tode verurteilt. Auf Veranlassung des Papstes wurde dieses Urteil 1791 in eine lebenslange Gefängnisstrafe umgewandelt, und so verbrachte er den Rest seines Lebens im Kastell San Leo bei Montefeltro.

PAUL FOSTER CASE (1884–1954) Amerikanischer Okkultist und Tarot-Experte. Case gründete ein okkultes Zentrum in Kalifornien, das *Bota* (Builders of the Adytum). Er sah sich als amerikanisches Oberhaupt des Hermetischen Ordens der Goldenen Dämmerung und behauptete, von den spirituellen Meistern der „inneren Bewußtseinsebene" dieses Ordens persönliche Offenbarungen empfangen zu haben. Er verfaßte mehrere Bücher zum Tarot, darunter *Highlights of the Tarot, The Tarot* und *The Book of Tokens.*

CARLOS CASTANEDA (GEB. 1925; NACH MANCHEN QUELLEN 1935) Castaneda studierte an der Universität von Kalifornien und will in dieser Zeit die Bekanntschaft eines alten Yaqui-Indianers, Don Juan Matus, gemacht haben, der ihn in den Schamanismus und die Zauberei einführte. Castanedas Bücher berichten von Don Juans rituellen Praktiken und seiner Art der Wahrnehmung. Sein erstes Buch, *Die Lehren des Don Juan,* erschien in der Originalausgabe 1968 bei der University of California Press und wurde zu einem Kultbuch der alternativen Szene, wohl auch wegen seiner lebhaften Beschreibungen von durch Halluzinogene erzeugten Bewußtseinszuständen. So beschreibt Castaneda zum Beispiel, wie er in der Gestalt einer Krähe durch die Lüfte flog. Er habe durch seine Einführung in die Zauberei neue Wahrnehmungsformen kennengelernt, behauptet er. Weitere Werke in deutscher Übersetzung: *Eine andere Wirklichkeit, Das Feuer von Innen, Die Kraft der Stille, Die Kunst des Pirschens, Reise nach Ixtlan, Der Ring der Kraft, Der zweite Ring der Kraft.*

RICHARD CAVENDISH (GEB. 1930) Eine der führenden Autoritäten auf den Gebieten Magie und Hexenglauben. Er studierte an der Universität von Oxford. Sein bekanntestes Werk in deutscher Übersetzung: *Die schwarze Magie*. Außerdem gab er die Enzyklopädie *Man, Myth and Magic* (1970-1971) heraus.

EDGAR CAYCE (1877–1845) Amerikanischer Sensitiver und Heiler. Der in Kentucky geborene Farmersohn erhielt kaum eine Schulbildung, fand jedoch schon früh heraus, daß er fähig war, sich in Trancezustände zu versetzen, in denen er Krankheitsdiagnosen stellen und Heilmittel verordnen konnte. Er behauptete, frühere Inkarnationen beschreiben zu können, und war ein überzeugter Vertreter der Reinkarnationstheorie, die allerdings in starkem Gegensatz zu seiner christlichen Erziehung stand. Seine in Trance empfangenen Prophezeiungen und Botschaften wurden von der 1931 ins Leben gerufenen *Association for Research and Enlightenment* protokolliert und gesammelt. Cayce hat selbst kaum etwas verfaßt, dafür ist umso mehr über ihn geschrieben worden. In deutscher Übersetzung liegen unter anderem vor: *Visionen des Neuen Zeitalters* (12 Bände).

CHEIRO (1866–1936) Pseudonym des Grafen Louis Hamon, eines weltbekannten Handlesers und Okkultisten, dem die Reichen und Berühmten in Scharen zuströmten. Sein Ruf wurde durch seine zahlreichen Werke über die Handlesekunst verstärkt, unter anderem: *You and Your Hand* (14. Aufl. 1901), *Language of the Hand* und seine Memoiren, *Confessions of a Modern Seer*.

ALEISTER CROWLEY (1875–1947) Wohl der berühmteste Okkultist des 20. Jahrhunderts und selbsternanntes „Großes Tier" (ausführlicher erwähnt in einem eigenen Kapitel des vorliegenden Buchs). Verfasser von zahllosen Werken über Magie, etwa *Magick* (deutsche Übersetzung 1983) und *Das Buch Thot* (2. Auflage der deutschen Übersetzung 1983).

SIR FRANCIS DASHWOOD (1708–1781) Wohlhabender englischer Aristokrat und Politiker, am bekanntesten geworden durch seine berüchtigten „Hellfire"-Clubs. Die 13 Mitglieder dieses Ordens trafen sich in der Medmenham-Abtei in der Nähe von Marlow an der Themse. Dorthin gelangten sie durch eine Reihe von unterirdischen Passagen gelangten, die dem Eingang zur Hölle nachempfunden sein sollten. Die Rituale bestanden größtenteils aus sexuellen und alkoholischen Exzessen sowie aus Parodien auf die Messe. Schließlich verlegte Sir Francis die Räumlichkeiten nach West Wycombe, wo er einen unterirdischen Tunnel ausbauen ließ, der noch heute besichtigt werden kann.

ANDREW JACKSON DAVIS (1826–1910) Der „Seher von Poughkeepsie" war ein amerikanischer Mystiker und Heiler. Er stand unter dem Einfluß Swedenborgs und Mesmers und schrieb ausführlich über seine eigenen hellseherischen Erlebnisse. Schließlich wurde er zu einer der Leitfiguren der amerikanischen Spiritistenbewegung. In seinem Hauptwerk, *The Principles of Nature* (1847), legt er seine persönliche Kosmologie dar, die er mit Mystik und sozialistischen Anschauungen vermischt.

DR. JOHN DEE (1527–1608) Englischer Mathematiker, Astrologe und Magier, der seine Laufbahn als Gelehrter an der Cambridge-Universität begann und dann viel in Europa umherreiste. 1552, nach einer Begegnung mit Hieronymus Cardanus in England, begann er, sich für die Beschwörung von Geistern zu interessieren. Als Elizabeth I. den englischen Thron bestieg, wurde er gebeten, den für die Krönung günstigsten Tag zu berechnen. Auf weiteren Reisen nach Antwerpen, Zürich und Venedig traf er 1581 Edward Kelley, der als Medium mit Engeln und Geistern kommunizierte, indem er in eine Kristallkugel starrte und dann in Trance verfiel. Auch seine alchemistischen Geheimnisse interessierten Dee sehr.
Dee und Kelley verwendeten bei ihren Geisterbeschwörungen Wachstafeln, sogenannte *Almadele,* in die magische Symbole eingraviert waren. Die Tafel für eine bestimmte Anrufung wurde zwischen vier Kerzen gelegt, und daraufhin sollte ein Engel erscheinen. Schließlich begannen die Engel, Kelley vorzuschreiben, welche magischen Gegenstände er benutzen sollte, und diktierten ihm Botschaften in *Henochisch,* einer neuen Sprache.
Die 18 *Henochischen Rufe* von Edward Kelly und John Dee wurden später von Aleister Crowley und Victor Neuburg als Beschwörungsformeln verwendet und führten zu überraschenden Ergebnissen. In jüngster Zeit gab Israel Regardie in Amerika ein Wörterbuch der Henochischen Sprache heraus.

JEANE DIXON (GEB. 1918) Amerikanisches Medium, die mit ihren Vorhersagen nationaler und internationaler Ereignisse – so etwa die Ermordung John F. Kennedys und Martin Luther Kings – große Aufmerksamkeit erregte. Die gläubige Katholikin betrachtet ihre Fähigkeiten als Geschenk Gottes. Zu ihren Prophezeiungen nutzt sie, abgesehen von ihrem Gefühl, die Karten, eine Kristallkugel, die Astrologie und die Numerologie. Neben ihren durchaus richtigen Vorhersagen gab sie eine ganze Reihe von Prophezeiungen ab, die nie eintraten. 1970 schrieb sie ihre Autobiographie, *My Life and Prophecies.*

MEISTER ECKHART (1260–1327) Der Dominikanermönch wird für einen der größten deutschen Mystiker gehalten. Er sah die Vernunft als ein Wirken Gottes im Menschen an – er nannte das: Gottgeburt der Seele. Der Sinn des Lebens war für ihn die Rückkehr zu Gott. Seine These, jedes Lebewesen, nicht nur der Mensch, habe Anteil an der Natur Gottes, brachte ihn in den Verdacht, ein Ketzer zu sein

HARRY EDWARDS (1893–1976) Englischer Geistheiler, der seit den dreißiger Jahren einen weltweiten Bekanntheitsgrad erlangt hat. Er will unheilbare Krankheiten sowohl durch direktes Handauflegen als auch über große Entfernungen hinweg von seinem Heilzentrum (in Shere, Surrey) aus geheilt haben. Dies geschah unter anderem mit Hilfe der Geister von Louis Pasteur und Lord Lister. In deutscher Übersetzung erschienen: *Geistheilung* sowie *Praxis der Geistheilung.*

MIRCEA ELIADE (1907–1986) Der bedeutende rumänische Religionswissenschaftler hat Bücher über Religionsgeschichte, Mystik und Schamanismus verfaßt.

FLORENCE FARR (1860–1917) Englische Esoterikerin, Schauspielerin und ehemalige Geliebte Bernard Shaws. Sie wurde von W. B. Yeats in die Magie eingeführt und trat dem Isis-Urania-Tempel des Hermetischen Ordens der Goldenen Dämmerung bei. Als sie den autokratischen Neigungen MacGregor Mathers überdrüssig wurde, gründete sie eine eigene Gemeinschaft, die *Sphäre.* Ihr Werk *Egyptian Magic* (1896, neu aufgelegt 1982) war wohl ihr bedeutendster Beitrag zur modernen Magie.

ARTHUR FORD (1897–1971) Amerikanischer Spiritist, Mitglied der amerikanischen *Society for Psychical Research.* Seine Karriere begann bei einer Begegnung mit Sir Arthur Conan Doyle, aber seine Bekanntschaft mit James Pike, dem Bischof der Episkopalkirche, brachte ihm wohl den größeren Ruhm ein. Der Bischof suchte Ford nach dem Tod seines Sohns Jim auf und glaubte, Ford habe Kontakt mit dessen Geist aufgenommen. Darüber schrieb er auch ein Buch, *The Other Side.* Ford selbst behauptete, mit dem Geist Houdinis in Kontakt zu stehen. Auch könne er den Code entschlüsseln, den der Geist hinterlassen hatte, um Beweise für ein Leben nach dem Tod erbringen zu können. Schließlich kam es aber zur Anklagen gegen Ford. Der Vorwurd lautet auf Betrug. Dadurch kam es zu einer erheblichen Schädigung seines Rufs.

DION FORTUNE (1891–1946) Eigentlich Violet Firth. In ihrem Elternhaus wurden die Lehren der Christian Science strikt befolgt. Mit 20 erlitt sie einen Nervenzusammenbruch, und nach ihrer Genesung spürte sie den inneren Antrieb, Psychologie und okkultes Wissen zu studieren. Sie trat der Theosophischen Gesellschaft bei und belegte Kurse in Psychoanalyse an der Universität von London. 1919 trat sie in den Hermetischen Orden der Goldenen Dämmerung ein und begann, okkulte Romane zu verfassen. Nach Konflikten mit Mathers behauptete sie, magischen Angriffen ausgesetzt zu sein. 1924 gründete sie gemeinsam mit ihrem Gatten, dem Okkultisten Penny Evans, die *Fraternity of the Inner Light.* In späteren Jahren wurde sie zunehmend exzentrischer, doch ihre Bücher enthalten überwiegend wertvolle Informationen zum Okkulten. Ihr wohl bekanntestes Werk, *Die my-*

stische Kabbala (1935), wird von vielen Okkultisten für das beste Buch gehalten, das je über die Magie geschrieben wurde.

JEAN JULIEN FULCANELLI (1877–1932) Geheimnisvoller französischer Alchemist, der noch in diesem Jahrhundert nach dem Stein der Weisen geforscht haben soll. Anfang der 20er Jahre erhielt ein französischer Student der Alchemie, Eugène Canseliet, von Fulcanelli ein Manuskript, das 1926 unter dem Titel *Le Mystère des Cathédrales* veröffentlicht wurde und in esoterischen Kreisen für große Aufregung sorgte. Darin wird die These vertreten, daß zahlreiche Zeichen und Symbole an den gotischen Kathedralen in Bourges, Amiens und Paris alchemistische Bedeutung haben. Von Fulcanelli sah und hörte man lange Zeit nichts, bis Canseliet ihn einmal flüchtig gesehen haben will und angeblich überrascht war über das jugendliche Aussehen seines ehemaligen Mentors. Deshalb nahm man an, Fulcanelli habe wie Saint Germain den alchemistischen Schlüssel zur ewigen Jugend gefunden.

GERALD BROUSSEAU GARDNER (1884–1964) „Vater des modernen Hexenwesens". Gardner lebte lange als Pflanzer und Zollbeamter im fernen Osten und beschäftigte sich eingehend mit der Religion, Magie und Mythologie der dortigen Naturvölker. Nach seiner Rückkehr nach England trat er in einen Coven in New Forest ein und übernahm schließlich die „Öffentlichkeitsarbeit" dieser Vereinigung. Sein erstes Buch war *High Magick's Aid* (1949), ein Roman über das Hexenwesen, dem zwei Sachbücher, *Witchcraft Today* (1954) und *Ursprung und Wirklichkeit des Hexenwesens* (deutsche Ausgabe 1965) folgten, die einen Einblick in die Lehren des traditionellen Hexenwesens geben wollen. Sexualmagie, Sadomasochismus und Voyeurismus kennzeichneten die von ihm gegründeten Hexengruppen. Er stand auch mit dem Ordo Templi Orientis in Verbindung, und Crowley soll einige Rituale für seine Hexenbewegung verfaßt haben. Für seine Behauptung, er habe mehrere akademische Abschlüsse und sei ein Anthropologe, gibt es keine Nachweise.

URI GELLER (GEB. 1946) Israeli, der in den 70er Jahren durch seine paranormalen Fähigkeiten bekannt wurde, Metallgegenstände zu verbiegen. Wissenschaftler vom deutschen Max-Planck-Institut und der amerikanischen Stanford University konnten seine offensichtlich magnetischen Kräfte, die er im Labor wie auch vor einem großen Fernsehpublikum vorführte, nicht erklären. Geller selbst sowie der israelische Parapsychologe Andrija Puharich, der eine Biographie über Geller verfaßte, behaupten, er verdanke seine Talente außerirdischen Wesen und Kräften.

KARL GERMER (1885–1962) Deutscher Okkultist mit dem Ordensnamen Frater Saturnus. Nach dem Tod Aleister Crowleys wurde er ab 1947 Generalgroßmeister des Ordo Templi Orientis. Er war ein ergebener Anhänger Crowleys und trat auch für den Anspruch seines Mentors, der Herr des neuen Zeitalters zu sein, ein. Germer half Crowley bei der Veröffentlichung einiger seiner äußerst obskuren Werke, etwa *Magick Without Tears.*

JOAN GRANT (GEB. 1907) Englische Schriftstellerin. In ihren Romanen erinnert sie sich an ihre früheren Inkarnationen und liefert detaillierte Beschreibungen von der ägyptischen Zeit, dem Mittelalter und der vor-kolumbianischen Zeit. Mit dem Psychiater Dennis Kelsey will sie die von ihr als „pränatal" bezeichneten Erinnerungen bei der Diagnose und Behandlung diverser psychischer Störungen einsetzen. Die Theorien der beiden sind in ihrem gemeinsamen Buch *Many Lifetimes* (1968) zusammengefaßt, einer Erläuterung der Reinkarnation und der Ursache von Geisteskrankheiten. In deutscher Sprache erschienen ist Joan Grants Roman *Sekhet-a-ra. Tochter des Pharao* (1985).

KENNETH GRANT (GEB. 1924) Nach dem Tod Aleister Crowleys gründete Grant 1955 eine eigene Isis-Loge, die sich überwiegend mit Sexualmagie beschäftigte – der rituellen Vereinigung der Gegensätze. Er veröffentlichte mehrere eigene Werke, Kommentare zu diversen Werken Crowleys und ein Standardwerk über den englischen Trance-Künstler und Okkultisten Austin Spare, *Images and Oracles of Austin Spare* (1975).

CELIA GREEN (GEB. 1935) Englische Parapsychologin, die sich eingehend mit außerkörperlichen Erfahrungen bzw. Astralreisen beschäftigt hat. Ihre wichtigsten Werke: *Out of the Body Experiences, Lucid Dreams* (beide 1968 erschienen).

STANISLAS DE GUAITA (1861–1897) De Guaita, Sohn einer begüterten Familie, Dichter und Student der Rechtswissenschaften ist es zu verdanken, daß die Rosenkreuzer in den Pariser Salons Ende des letzten Jahrhunderts wieder sehr modern wurden. Er gründete gemeinsam mit Zar Peladan den *Ordre cabbalistique de la Rose-Croix,* nachdem er die Werke Eliphas Lévis gelesen hatte und sich daraufhin ganz dem Okkulten widmete. In seinem Hauptwerk *Essais des Sciences Maudites* rechtfertigt er die Schwarze Magie und erklärt den Sinn des Bösen durch das Gesetz der Gegensätze.

FRANZ HARTMANN (1838–1912) Bekannter deutscher Theosoph und Esoteriker, der lange Jahre in den USA lebte. Er ist Mitbegründer des *Ordo Templi*

Orientis (O.T.O.). Wichtige Werke von ihm sind unter anderem: *Die weiße und schwarze Magie* (Neuauflage 1970), *Grundriß der Geheimlehre* (1899), *Das Wesen der Alchemie* (Neuauflage 1961).

MAX HEINDEL (1865–1919) Deutscher Theosoph (persönlicher Schüler Rudolph Steiners), Freimaurer und Rosenkreuzer (von Franz Hartmann für diese Bewegung gewonnen). Heindel gründete 1911 eine Rosenkreuzergemeinschaft in Kalifornien und veröffentlichte viele Bücher zu dieser Lehre, so etwa *Die Weltanschauung der Rosenkreuzer, Alte und neue Einweihung, Die medizinische Astrologie* und *Rosenkreuzer-Mysterien.*

HANS HOLZER (GEB. 1920) Österreichischer Autor und Parapsychologe, der an den Universitäten von Wien und Columbia akademische Grade erworben hat. Zu seinen Werken gehören: *Gespensterjäger* (1963), *Fenster zur Vergangenheit* (1970), *PSI-Kräfte* (1975) sowie *Träume und ihre Botschaft* (Neuauflage 1984).

HARRY HOUDINI (1874–1926) Bekannter amerikanischer Zauberer und Entfesslungskünstler. Er stand dem Spiritismus äußerst kritisch gegenüber und nahm an einer Reihe von Untersuchungen zu angeblichen „Phänomenen" dieser Art teil. Kurz vor seinem Tod vereinbarte er mit seiner Frau, sie solle versuchen, durch einen bestimmten Code mit ihm zu kommunizieren. Sie besuchte daraufhin mehrere Séancen in der Hoffnung, von ihm Botschaften zu empfangen. 1929 behauptete schließlich Arthur Ford, als Medium eine Botschaft Houdinis empfangen zu haben, mußte sich jedoch schließlich den Vorwurf arglistiger Täuschung gefallen lassen. Diese Angelegenheit konnte nie völlig geklärt werden. Es wurde zu Houdinis Lebzeiten oft behauptet, er besäße übersinnliche Kräfte, die ihm einige seiner Bühnenkunststücke ermöglichten, was Houdini jedoch stets vehement bestritt. Er genoß es vielmehr, Spiritisten bloßzustellen, wie etwa in seinem Buch *Miracle Mongers and their Methods* (1920).

LAFAYETTE RONALD HUBBARD (1911–1986) Autor und Begründer der *Scientology*-Sekte sowie der *Dianetik*, der seine Laufbahn als Science-Fiction-Verfasser begann. Er behauptete, durch diverse übersinnliche Fähigkeiten an Informationen unter anderem zu der Reinkarnationsgeschichte des Menschen, dem Wesen, der Ursache und Behandlung von Geisteskrankheiten sowie der Entwicklung der geistigen Kräfte gelangt zu sein. Er hatte auch Kontakt zum Ordo Templi Orientis und arbeitete 1945 mit Jack Parson (einem Schüler Crowleys) zusammen, was viele seiner Techniken beeinflußt hat. Sein bekanntestes Buch: *Dianetik. Die moderne Wissenschaft der geistigen Gesundheit.*

JORIS KARL HUYSMANS (1848–1907) Französischer Schriftsteller, Hauptvertreter der Schwarzen Romantik und Décadence. 1884 veröffentlichte er *A Rebours* (*Gegen den Strich*, deutsch 1981), eine „Bibel" der Dekadenz. Doch bekannter ist sein späteres Buch *La Bas* (*Tief unten*), in dem detailliert eine Schwarze Messe geschildert wird. Die satanischen Verbrechen von Gilles de Rais faszinierten ihn ebenso wie die magische Fehde zwischen Stanislas de Guaita und dem Exorzisten Joseph-Antoine Boullan, der als Dr. Johannes in *La Bas* einging.

CARL GUSTAV JUNG (1875–1961) Der schweizerische Arzt, Psychiater und Begründer der analytischen Psychologie hatte Zeit seines Lebens Visionen und Träume mit mythologischem und religiösem Charakter. Dies führte zu seinem Interesse an Mythen, Träumen und Religionen. Hierin liegt auch seine Bedeutung für die Esoterik: Er schuf wichtige Studien über Alchemie und Religionen, wobei ihn vor allem die östlichen interessierten. Für Jung war das Symbol das wichtigste Werkzeug beim Verständnis des menschlichen Wesens. Er unterschied zwischen den individuellen menschlichen Symbolen und den kollektiven aus Mythologie und Religion und fand sehr viele Ähnlichkeiten zwischen den beiden. Als Ergebnis hiervon schuf er die Theorie der zwei Schichten des Unbewußten, der persönlichen und der kollektiven. Die persönliche Schicht besteht aus den Bewußtseinsinhalten, die der Mensch im Laufe seines Lebens erlangt, die er aber vergessen oder unterdrückt hat. Die kollektive Schicht ist eine angeborene Struktur, über die alle Menschen von ihrer Geburt an verfügen. Sie besteht aus den sogenannten Archetypen, immer wiederkehrenden, allgemeingültigen menschlichen Situationen. Sie finden ihren Ausdruck in den Symbolen und Mythen der Religionen und den verschiedenen esoterischen Lehren. Von seinen über 20 Werken ist wohl *Psychologie und Alchemie* (1944) für die Esoterik am wichtigsten.

ALLAN KARDEC (1803–1869) Französischer Spiritist, der weniger in Europa, dafür umso mehr in Südamerika bekannt ist. Er gilt als überzeugter Befürworter der Reinkarnationstheorie. Seine Hauptwerke: *Das Buch der Geister* (1868), *Das Buch der Medien* (1878), *Himmel und Hölle* (1890).

CARL KELLNER (1850–1905) Deutscher Industrieller und Okkultist. Auf seinen Reisen durch Indien und den Nahen Osten will er 1896 drei Adepten, zwei Araber und einen Hindu, getroffen und von ihnen sexualmagische Techniken erlernt haben. Auf dieser Basis beschloß er, eine esoterische Gemeinschaft zu gründen, den *Ordo Templis Orientis* (O.T.O), so genannt zu Ehren der Templer, die seiner Meinung nach ähnliches Wissen gehütet hatten. Kellners Nachfolger war Theodor Reuß, der 1912 auch Aleister Crowley in den Orden einlud.

SEMJON D. KIRLIAN Der russische Elektroingenieur entwickelte ab 1939 die sogenannte „Kirlian-Fotografie“, eine Technik, mit der angeblich Aura und Energiefelder fotografiert werden können (deshalb auch Aurafotografie genannt). Die Forschungen Kirlians und seiner Frau bestätigen vieles, was in den traditionellen Geheimlehren über die Aura gesagt worden ist.

JIDDU KRISHNAMURTI (1895–1986) Indischer Mystiker und Philosoph. Zusammen mit seinem Bruder wurde er in jungen Jahren gegen den Widerstand seines Vaters von einigen Theosophen, darunter Annie Besant und Charles Leadbeater, in Pflege genommen und erzogen. Zur Vorbereitung der künftigen Manifestation von Christus in Krishnamurti gründeten sie eigens eine Organisation, *The Order of the Star in the East.* 1929 lehnte sich Krishnamurti gegen seine Rolle als kommender religiöser Führer auf, der Orden wurde aufgelöst und die Theosophen verloren Tausende enttäuschter Mitglieder. Krishnamurti entwickelte sich jedoch zu einem großen Yoga-Philosophen, der den Rest seines Lebens in der ganzen Welt umherreiste und Vorträge hielt. Die Kernaussage seiner Lehren besteht darin, daß der Mensch sich von allen Glaubenssystemen befreien müsse, um zur Selbsterkenntnis zu gelangen. Zu seinen zahllosen Werken gehören: *Wegweiser zum wahren Leben* (1961), *Einbruch in die Freiheit* (1973), *Gespräche über das Sein* (1977), *Fragen und Antworten* (1985).

ANTON SZANDOR LA VEY (GEB. 1930) Als er 1966 die *Church of Satan* in San Francisco gründete, hatte er bereits eine bewegte Karriere unter anderem als Oboist, Löwenbändiger, Assistent bei Hypnosevorführungen und Polizeifotograf hinter sich. Nach eigenen Angaben umfaßt seine Organisation mittlerweile über eine Million Mitglieder. La Vey war Berater für eine Reihe okkulter Spielfilme und spielte selbst die Rolle des Teufels in Rosemary's Baby. Er verfaßte unter anderem *Satanic Bible* (1969) sowie *Satanic Rituals* (1972).

CHARLES WEBSTER LEADBEATER (1847–1934) Ursprünglich anglikanischer Geistlicher, der sich 1884 der Theosophischen Gesellschaft anschloß und bald neben Helena Blavatsky und Annie Besant eine führende Rolle spielte. Er reiste ständig zwischen Adyar, dem Hauptsitz der Theosophischen Gesellschaft in Indien, und Sydney, Australien, wo er eine theosophische Gemeinschaft leitete, hin und her. Außerdem gehörte er zu den Mitbegründern der *Liberal Catholic Church,* deren zweiter vorsitzender Bischof er wurde. Mehrfach wurden ihm sexueller Mißbrauch seiner jugendlichen Schüler und Homosexualität vorgeworfen. Doch ungeachtet dessen besaß er zweifellos parapsychologische Fähigkeiten und verfaßte zahlreiche Werke, von denen die meisten auch in deutscher Übersetzung vorliegen, unter anderem *Die Chakren* (5. Auflage 1984), *Gedankenformen* (3. Auflage 1981), *Der sichtbare und unsichtbare Mensch* (5. Auflage 1984).

ELIPHAS LÉVI (1810–1875) Pseudonym des französischen Okkultisten Alphonse-Louis Constant, Sohn eines armen Pariser Schusters. Er wurde als katholischer Geistlicher ausgebildet, jedoch aufgrund seiner sexuellen Freizügigkeiten und revolutionären Neigungen ausgeschlossen. Eine Zeitlang arbeitete er als politischer Karikaturist und bewegte sich in literarischen Kreisen. Schließlich wandte er sich der Magie zu und schrieb über 200 Werke. Die wichtigsten, die auch in deutscher Übersetzung erschienen sind: *Transzendentale Magie* (1975), *Geschichte der Magie* (1926), *Der Schlüssel zu den großen Mysterien* (1966).
A. E. Waite, der Fachmann für Okkultes, der die ersten beiden oben erwähnten Bücher ins Englische übersetzte, fand Lévis Werke historisch wichtig, aber sehr fehlerhaft. Doch Aleister Crowley dagegen, der das dritte oben erwähnte Werk übersetzte, hielt sich sogar für eine Reinkarnation Lévis und bewunderte ihn uneingeschränkt. Sein Hauptbeitrag zum modernen Okkultismus war die Feststellung einer Korrelation zwischen den 22 Tarot-Karten des großen Arcanums mit dem kabbalistischen Baum des Lebens, wodurch die Karten zu einem Schlüssel zum magischen Bewußtsein werden.

HOWARD PHILLIPS LOVECRAFT (1890–1937) Amerikanischer Autor von ca. 50 Horrorgeschichten, die Kultwerke der Untergrundliteratur der sechziger Jahre wurden. Seine Geschichten ranken alle um eine düstere Mythologie, in deren Mittelpunkt der „grausame Cthulhu" steht – die Kräfte des Bösen kämpfen darum, die Welt zu beherrschen. In deutscher Übersetzung erschienen unter anderem folgende Werke: *Berge des Wahnsinns* (1957), *Cthulhu* (1975), *Das Ding auf der Schwelle* (1976), *Der Fall Charles Dexter Ward* (1977), *In der Gruft* (1981) und *Die Literatur des Grauens* (1985). Von Lovecraft soll auch das legendäre *Necronomicon* stammen.

ARTHUR MACHEN (1863–1947) Walisischer Mystiker und Autor, der eigentlich Arzt werden wollte, doch dann für George Redway arbeitete, der einige bemerkenswerte Bücher zur damaligen okkulten Tradition herausbrachte. Machen war mit Oscar Wilde und W. B. Yeats befreundet, mit dem er die Liebe zum keltischen Volksgut und der Gralslegende teilte. 1900 trat er in den Orden der Goldenen Dämmerung ein, konnte sich jedoch nicht recht für die rituelle Magie erwärmen. Die meisten seiner Romane und Kurzgeschichten haben etwas Mystisches, Pantheistisches an sich, so etwa *Der Hügel der Träume* und *Die leuchtende Pyramide und andere Geschichten des Schreckens* (1981 auf deutsch erschienen).

SAMUEL LIDDELL MACGREGOR MATHERS (1854–1918) Einer der bedeutendsten englischen Okkultisten im Bereich der rituellen Magie, auch wenn aus ihm nie so eine Kultfigur wurde wie aus seinem Rivalen Aleister Crowley. Immerhin war er ein Mitbegründer des Hermetischen Ordens der Goldenen Dämmerung, dessen Leitung Crowley später gerne übernommen hätte. Im englischen Rosenkreuzerorden traf er Westcott, der ihn bat, einige kodierte Schriften ins Englische zu übertragen, die sich als eine Reihe von Ritualen erwiesen und zur Grundlage für ihren neuen Orden wurden. Mathers übersetzte auch mehrere mittelalterliche Grimoires ins Englische, darunter *Der Schlüssel Salomons, Die heilige Magie des Abramelin* und das *Grimoire des Armadel.* Bald jedoch behauptete Mathers, seine Inspirationen von „geheimen Meistern" zu empfangen, und begann, sich seinen Ordensmitgliedern gegenüber sehr autokratisch zu gebärden, was schließlich zu Spaltungserscheinungen im Orden führte. Er starb 1918 in Paris, wahrscheinlich an den Folgen einer Grippe, obwohl seine Frau Moina Mathers behauptete, er wäre nach einer transzendenten Begegnung mit den „geheimen Meistern" gestorben, die kein Sterblicher überleben würde.

FRANZ ANTON MESMER (1734–1815) Österreichischer Arzt, der die Theorie des animalischen Magnetismus entwickelte. Er glaubte, daß ein magnetisches Fluidum das Universum durchflute, das zu Heilzwecken eingesetzt werden könne. Die „Kraft" sollte den Patienten durch Berührung übermittelt werden. Mesmer setzte seine Kuren bei Blindheit und Lähmungserscheinungen ein, wurde aber von seinen Kollegen in Wien heftig angefeindet, so daß er schließlich das Land verließ, um in München und Paris zu praktizieren. Manche Autoren haben die von ihm postulierten magnetischen Fluida mit den Kraftfeldern, die bei der Akupunktur und im Kundalini-Yoga zum Tragen kommen, verglichen.

VICTOR NEUBURG (1883–1940) Dichter und Okkultist, der auch Pamela Hansford Johnson und Dylan Thomas literarisch inspirierte. Er war Mitglied des Astrum Argenteum und zweitweiliger Sexualpartner Crowleys bei dessen sexualmagischen Riten. Neuburg teilte Crowleys Meinung, daß der perfekte Mensch nur in himmlischer Androgynie die vollendete symbolische Form erreiche. Er begleitete Crowley auch zu einem Berg in Algerien, wo dieser mit Hilfe der von John Dee und Edward Kelley begründeten henochischen Magie die sogenannten 30 Aethyre anrufen wollte. Die Ergebnisse dieser Beschwörung sind in Crowleys Buch *Die Vision und die Stimme* (deutsch 1982) wiedergegeben.

NOSTRADAMUS (1603–1566) Eigentlich Michel de Notre Dame. Er wirkte am Hof Katharina von Medicis als Astrologe und war von ihr sehr geschätzt.

1558 veröffentlichte er seine Prophezeiungen, 943 Vierzeiler in zehn Centurien, abgefaßt in einer Mischung aus Altfranzösisch, Lateinisch, Griechisch, Hebräisch und verballhornten Wörtern, deren zeitliche Reihenfolge Nostradamus selbst bewußt geändert haben soll, so daß eine vollständige Deutung auch heute noch nicht gelungen ist.

PAPUS (1865–1916) Eigentlich *Gerard Encasse,* ein gebürtiger Spanier, der in Paris lebte. Er war stark von der Theosophie beinflußt und von der Idee, daß alle Elemente des Universums – Mineralien, Pflanzen, Tiere – in einer Folge von Kämpfen und Opfern nach Vollkommenheit streben. Aufgrund seines Rufs als Geisterbeschwörer wurde er 1905 an den russischen Kaiserpalast gerufen, wo er den Geist Alexander III. heraufbeschwört haben soll. Wie Eliphas Lévi war auch Papus fasziniert von der symbolischen Übereinstimmung zwischen Tarot und Kabbala. Unter seinen bekanntesten Werken befinden sich *Die Kabbala* (5. Auflage 1985) und *Das Tarot der Zigeuner* (3. Aufl. 1985).

PARACELSUS (1493–1541) Theophrastus Bombastus von Hohenheim ist wohl einer der berühmtesten Heilkundigen und Alchemisten des Mittelalters. In seinen Schriften wird immer wieder seine große Liebe zur christlichen Mystik, gefärbt vom pantheistischen Geist der Alchemie, deutlich. Er betonte die Parallelen zwischen dem Menschen, d. h. dem Mikrokosmos, und dem Universum bzw. Makrokosmos und betrachtete Krankheit als Symptom eines Ungleichgewichts. Zu den „philosophischen Elementen" aus der Alchemie, Sulphur (männlich) und Mercurius (weiblich), kommt nach Paracelsus auch noch Salz (neutral) hinzu, und im gesunden Menschen sollten diese drei Elemente in einem harmonischen Verhältnis stehen. Fieber zum Beispiel, so Paracelsus, sei auf ein Übergewicht von Sulphur zurückzuführen. Er glaubte auch an die magische Erschaffung künstlicher Kreaturen, der Homunculi. Seine Werke markieren einen Übergang: Die Alchemie, die früher hauptsächlich mit dem Ziel, Blei in Gold zu verwandeln, betrieben wurde, wird zu einer spirituellen Wissenschaft des Menschen. Für Paracelsus bezieht sich die Alchemie, die „wahre" Chemie, auf den inneren Menschen, nicht auf Labortätigkeiten.

JOSÉPHIN PÉLADAN (1858–1918) Astrologe, Magier, Kunstkritiker und Romanautor, der vor der Jahrhundertwende in den Pariser Salons der Rosenkreuzer als vornehmer Beau auftrat. In Anlehnung an einen assyrischen König nahm er den Titel „Zar Merodach" an. Das Androgyne faszinierte ihn, und er wollte die Dekadenz als wichtige Kunstform durchsetzen. Mit seinem Romanzyklus *La décadence latine* hoffte er, den materialistischen Tendenzen seiner Zeit entgegenzuwirken. Er war von de Sade beeinflußt und befreundet mit dem Okkultisten Stanislas de Guiata, mit dem zusammen er einen kabbalistischen Rosenkreuzerorden gründete und dem er bei den magischen Angriffen gegen Joseph-Antoine Boullan assistierte.

HARRY PRICE (1881–1948) Bekannter britischer Parapsychologe, der sich intensiv mit der Erforschung von Medien beschäftigte. In seiner *National Library of Psychical Research* legte er eine äußerst umfangreiche Sammlung zur Parapsychologie an, die später der Universität von London übergeben wurde. Eigene Werke unter anderem: *Fifty Years of Psychical Research* (1939), *Poltergeist Over England* (1945) sowie zwei Untersuchungen über die berühmte Borley-Pfarrei, *The Most Haunted House in England* (1940) und *The End of Borley Rectory* (1945).

ISRAEL REGARDIE (1907–1985) Englischer Okkultismusforscher, der den größten Teil seines Lebens als reichianischer Psychotherapeut in Amerika tätig war. Größere Bekanntheit brachten ihm jedoch seine okkulten Schriften zur Magie, Mythologie und den Ritualen des Hermetischen Ordens der Goldenen Dämmerung ein. 1928 wurde er Aleister Crowleys Privatsekretär, 1937 veröffentlichte er den ersten von vier Bänden, in denen er die magischen Riten der Goldenen Dämmerung sowie der aus diesem Orden hervorgeganenen *Stella Matutina* detailliert beschreibt (auf deutsch in drei Bänden: *Das magische System des Golden Dawn*). Viele Okkultisten hielten dies natürlich für einen Bruch des Schweigegelübdes, doch zweifellos sind diese Bände ein unschätzbares Nachschlagewerk für alle am Okkulten Interessierten. Zu seinen wichtigsten Werken gehören *The Tree of Life* (1932, 1969), *The Middle Pillar, The Philosopher's Stone* (1938, 1970), *Foundations of Practical Magic* (deutsch *Die Elemente der Magie*, 1991). Regardie, eine der größten modernen Autoritäten auf dem Gebiet der Kabbala und der rituellen Magie, ist als einer der letzten echten Okkultisten bei den Anhängern der New-Age- und Esoterikbewegung der letzten 20 Jahre sehr populär geworden.

THEODOR REUSS (1855–1923) Deutscher Okkultist, nach Karl Kellner Leiter des Ordo Templi Orientis. Reuß nahm etliche prominente Okkultisten in den Orden auf, darunter Papus, Rudolf Steiner und Crowley, dem er 1922 nach einem Schlaganfall die Leitung übergab.

JOSEPH B. RHINE (1895–1980) Bekannter amerikanischer Parapsychologe. Zusammen mit seiner Frau Louisa und mit William McDougall richtete er das parapsychologische Labor an der Duke-Universität ein und widmete sich dort der Erforschung der Telepathie, Clairvoyance, Präkognition und Psychokinese. In den dreißiger Jahren wollte er die ASW-Forschung auf wissenschaftliche Grundlagen stellen und nachweisen, daß Psi-Phänomene viel häufiger auftauchen, als es das Gesetz des Zufalls erlaubt. Werke in deutscher Übersetzung: *Neuland Seele* (1938), *Die Reichweite des meschlichen Geistes* (1950), *Parapsychologie* (1962).

COMTE DE SAINT-GERMAIN (1710–1780) Der berühmte Freimaurer und Rosenkreuzer behauptete, unsterblich zu sein. Er soll der Sohn des Siebenbürger Prinzen Rakozci gewesen sein, wuchs unter der Obhut des letzten Medici, Gian Gastone, auf und studierte an der Universität von Siena. Er scheint sich gerne mit klangvollen Adelstiteln geschmückt zu haben. So machte er als Comte Bellamarre, dann wieder als Marquis de Montferrat oder auch Chevalier Schoening die Runde an den europäischen Höfen und beeindruckte seine Zuhörer durch seine Beherrschung vieler Sprachen und seine abenteuerlichen Geschichten. So will er etwa von König Cyrus von Babylon den magischen Stab Moses erhalten haben, wodurch er zu einem Illuminaten geworden sei. Angeblich verdankte er seinen Reichtum und seine Unsterblichkeit dem Stein der Weisen und soll dem Marquis de Valbelle seine alchemistischen Fähigkeiten bewiesen haben, indem er eine Silbermünze zu Gold machte. Seine Sammlung von alchemistischen und mystischen Schriften, *Die heiligste Trinosophie,* gehört zweifellos zu den bemerkenswertesten okkulten Werken und ist in neuester Zeit von Manly Palmer Hall in den USA wieder einmal neu herausgegeben worden.

ALEX SANDERS (1916–1988) Neben Gerald Gardner wurde er als Zentralfigur des modernen Hexenwesens bekannt. Sanders behauptete, aus einer Familie zu stammen, die sich seit Generationen mit den Traditionen der Hexerei beschäftigt, und will von seiner Großmutter mit sieben Jahren in den Hexenkult eingeweiht worden sein.

AUSTIN SPARE (1888–1956) Begabter englischer Trance-Künstler und Okkultist, der bereits mit 16 Jahren ein Stipendium für die königliche Kunstakademie erhielt. Er kam mit ägyptischer Mythologie, der Magie und den Lehren Aleister Crowleys in Berührung und ließ diese Einflüsse fortan in seine Werke eingehen. Spare glaubte an die Reinkarnation und behauptete, daß alle seine frühere Leben als Mensch wie als Tier tief in sein Unbewußtes eingegraben seien und durch Trance reaktiviert werden könnten. Dazu entwickelte er ein interessantes System von magischen Sigillen, Meditationssymbolen, die einen Zugang zum Unbewußten geben sollten. Als er sich für das Hexenwesen zu interessieren begann, bekamen seine Bilder einen bedrohlichen Unterton. Spare war zweifellos ein sehr begabter Illustrator. Mit seine besten Illustrationen finden sich in seinem *Book of Plea-*

sures, das er mit nur 22 Jahren schuf. Einen guten Einblick in sein Schaffen gibt auch *The Search for Abraxas* (1972) von Nevill Drury und Stephen Skinner.

RUDOLPH STEINER (1861–1925) Deutscher Okkultist, Theosoph und – nachdem er sich von der Theosophischen Gesellschaft getrennt hatte – Begründer der Anthroposophie. Steiner war ein Goethe-Kenner und blieb zeit seines Lebens ein Gelehrter, wie es der ziemlich akademische Ton seiner Schriften bezeugt. Er war aber auch ein Clairvoyant, der auf dieser Basis eine umfassende Philosophie und Kosmologie schuf und sich mit so unterschiedlichen Themen wie dem organischen Landbau, Atlantis und Lemuria, der Behandlung von Syphilis und Krebs und den inneren Wahrheiten des Christentums beschäftigte. Die Anthroposophen breiteten sich in der ganzen Welt aus, und Steiners Theorien zur Erziehung führten zur Entwicklung spezieller Steiner-Schulen, die besonders erfolgreich im Umgang mit behinderten Kindern sind. Steiner hatte auch Kontakt zu mehreren okkulten Bewegungen, so dem Ordo Templi Orientis, Engels Illuminaten-Orden und einer Rosenkreuzervereinigung. Als fruchtbarer Autor hielt er unzählige Vorträge und verfaßte diverseste Schriften, die in verschiedenen Ausgaben erschienen sind, so etwa als *Rudolf-Steiner-Themen-Taschenbücher* im Verlag Freies Geistesleben.

CHARLES TART (GEB. 1937) Tart arbeitet als experimenteller Psychologe an der UCLA in Davis und gehört mit Claudio Naranjo, Paul Ornstein und John Lilly zu der Gruppe moderner Wissenschaftler, die sich um einen Brückenschlag zwischen Wissenschaft und Esoterik bzw. Mystik bemühen. Bekannt wurde er für seine wissenschaftliche Erforschung von Trance, Träumen, außerkörperlichen Erfahrungen und ASW-Phänomenen. Tart ist ein führender Vertreter der transpersonalen Psychologie. In deutscher Übersetzung liegen vor: *Transpersonale Psychologie* (1978), *Das Übersinnliche* (1986), *Hellwach und bewußt leben* (1988).

ARTHUR EDWARD WAITE (1857–1941) Amerikanischer Okkultist und christlicher Mystiker; Mitglied bzw. Leiter des Hermetischen Ordens der Goldenen Dämmerung. Er lehnte die antichristlichen Aspekte der rituellen Magie jedoch entschieden ab und schrieb die rituellen Grade des Ordens um. Er war der Überzeugung, daß der Okkultismus eine esoterische, mystische Lehre bietet, die die orthodoxe christliche Kirche entweder vergessen oder nie besessen hat. Zusammen mit Pamela Coleman-Smith schuf er die Rider-Waite-Tarot-Karten, zu denen er auch einen *Bilderschlüssel zum Tarot* (1978 deutsch erschienen) verfaßte. Weitere Werke unter anderem: *The Holy Kabbalah*, *The Occult Science*, *The Brotherhood of the Rosy Cross*, *The Mysteries of Magic* (Zusammenfassung der Lehren von Eliphas Lévi) und ein hervorragendes Buch über die Mystik, *Azoth*.

WYNN WESTCOTT (1848–1925) Einflußreicher englischer Okkultist und Freimaurer. Er gelangte in den Besitz eines Rosenkreuzer-Manuskripts, das MacGregor Mathers für ihn in ein Stufensystem magischer Rituale umarbeitete, auf dessen Grundlage der Hermetische Orden der Goldenen Dämmerung errichtet wurde. Westcott wurde zwar zu einem geistigen Führer des Ordens, hatte jedoch vergleichsweise wenig Einfluß. Er verfaßte diverse okkulte Schriften, darunter *An Introduction to the Qabalah* (1910) und eine Reihe von Abhandlungen, die unter dem Titel *Collectanea Hermetica* zwischen 1893 und 1896 regelmäßig in London erschienen sind.

COLIN WILSON (GEB. 1931) Englischer esoterischer Schriftsteller, der in seinem Werk *The Outsider* (1956) von der existenziellen Einsamkeit von Visionären, Künstlern und schöpferischen Menschen spricht. Nach Wilson besitzt jeder Mensch paranormale Fähigkeiten (Fakultät X), die im Zuge der nächsten Evolutionsphase unbedingt reaktiviert werden müssen. Hauptwerke, die bisher auf deutsch erschienen sind: *Das Okkulte* (1982), *Die Seelenfresser* (1983), *Gurdjieff – Der Kampf gegen den Schlaf* (1986).

WILLIAM BUTLER YEATS (1865–1939) Bekannter irischer Dichter, der sich schon in frühen Jahren zum Okkulten hingezogen fühlte und in Dublin eine kleine Gruppe, die *Hermetic Students*, gründete. Er war mit dem mystischen Dichter George Russell (oft nur als A. E. bekannt) sowie mit Arthur Machen und MacGregor Mathers, die ihn in den Hermetischen Orden der Goldenen Dämmerung einführten, bekannt. Um 1900 herum übernahm er die Leitung dieses Ordens, nachdem sich Mathers nach Paris zurückgezogen hatte, um okkulte Manuskripte zu übersetzen. Aleister Crowley, der Yeats um seine schriftstellerischen Gaben beneidete, machte ihm die Führung streitig, bis Yeats schließlich 1905 aus dem Orden austrat. Doch die Magie ist weiterhin in seiner Dichtung spürbar, und oft ließ er auch Bilder aus dem Tarot in seine Verse einfließen.

C. C. ZAIN (1882–1951) Pseudonym Elbert Benjamins, der den „First Temple of Astrology" in den USA gründete. Später wurde daraus die *Church of Light*, die Kurse in verschiedenen okkulten Bereichen anbietet. Zain will 1909 von der „Brotherhood of Light" kontaktiert worden sein, die ihn anwies, ein okkultes System zu entwickeln, mit dessen Hilfe die Religion der Astrologie unterrichtet werden sollte, was er dann in einem Werk mit 21 Lektionen tat.

REGISTER